Obiekty dziedzictwa kulturowego i przyrod

CW01677227

Pomniki Historii

obiekty światowego dziedzictwa UNESCO

rezerwaty biosfery UNESCO

Polska
dla dzieci

NA URLOP • WEEKEND • WAKACJE

Grzegorz Micuła • Marzena Wieczorek

Legendy: Kamila Drabek

Ilustracje: Marianna Oklejak

DEMART

Objaśnienia do mapy samochodowej

10 0 10 20 30 40 50 kilometrów

Podziałka służy do określania odległości

	najważniejsze rzeki i jeziora
	lasy
WARSZAWA	stolica Polski
OLSZTYN	miasta wojewódzkie
TARNÓW	inne miejscowości
	pomniki Historii
	obiekty z listy światowego dziedzictwa UNESCO
MaB	rezerwaty biosfery UNESCO
	granica państwowa
MEDYKA	przejścia graniczne
91	drogi krajowe z numerami
A2	autostrady z numerami
	główne koleje
	wybrane mosty drogowe i kolejowe
	porty morskie
	porty rybackie
	przystanie żeglugowe
	latarnie morskie
	lotniska
	zabytkowe kościoły
	zabytkowe cerkwie
	zabytkowe synagogi
	zabytkowe meczety
	zamki
	ruiny zamków
	twierdze i forty
	schrony
	skanseny
	uzdrowiska
	plaże nadmorskie
	interesujące ogrody

Co warto zobaczyć?
Gdzie to jest?
Jak tam trafić?
Po prostu sprawdź w przewodniku!

Odpowiedzi poszukaj na mapie samochodowej Polski. Jest w sześciu częściach, żeby można było przedstawić na nich więcej informacji. Na mapie zaznaczyliśmy główne drogi i moc atrakcji w formie kolorowych zabawnych rysunków. Z taką mapą możesz być pilotem samochodowym np. jeżdżąc z rodzicami! W dodatku możesz podpowiedzieć co ciekawego można zobaczyć w ramach przerwy w podróży. Pomogą Ci w tym opisy i zdjęcia, które podzieliliśmy, tak samo jak mapę, na sześć regionów. Warto je czytać i oglądać fotografie nawet wtedy gdy nie udajesz się w podróż. W ostatniej części opowiadamy o ochronie przyrody i najważniejszych obszarach chronionych, czyli Parkach narodowych. Tam można spotkać zwierzęta i rośliny, które są zagrożone wyginięciem i o które trzeba szczególnie dbać. Dzięki przewodnikowi poznasz: polską przyrodę, zabytki i muzea, regionalne imprezy, ludzi kultywujących tradycje. Polska jest po prostu fascynująca. Spróbuj to odkryć!

Tego właśnie Ci życzymy.

P.S. Może zechcesz skorzystać z podpowiedzi i wskazówek. Oto one:

Mapę się czyta a nie ogląda, a w jej czytaniu pomaga legenda, czyli objaśnienie znaków.

Jeśli na mapie umieszczono przy miejscowościach rysunki z podpisami oznacza to, że znajdziesz ich opisy w książce. Poszukaj, a dowiesz się wielu ciekawych rzeczy!

Szczegółowe mapy miast nazywane są planami. W książce znajdziesz 10 planów atrakcyjnych polskich miast z trasami proponowanych spacerów. Możesz więc sprawdzić się jako przewodnik dla turystów. Koniecznie spróbuj!

Na mapach możesz też śledzić trasy dłuższych podróży po Polsce. Sprawdzaj numery głównych dróg. Są umieszczone na czerwonych lub granatowych tabliczkach przy drogach krajowych, autostradach i drogach ekspresowych.

Pomorze

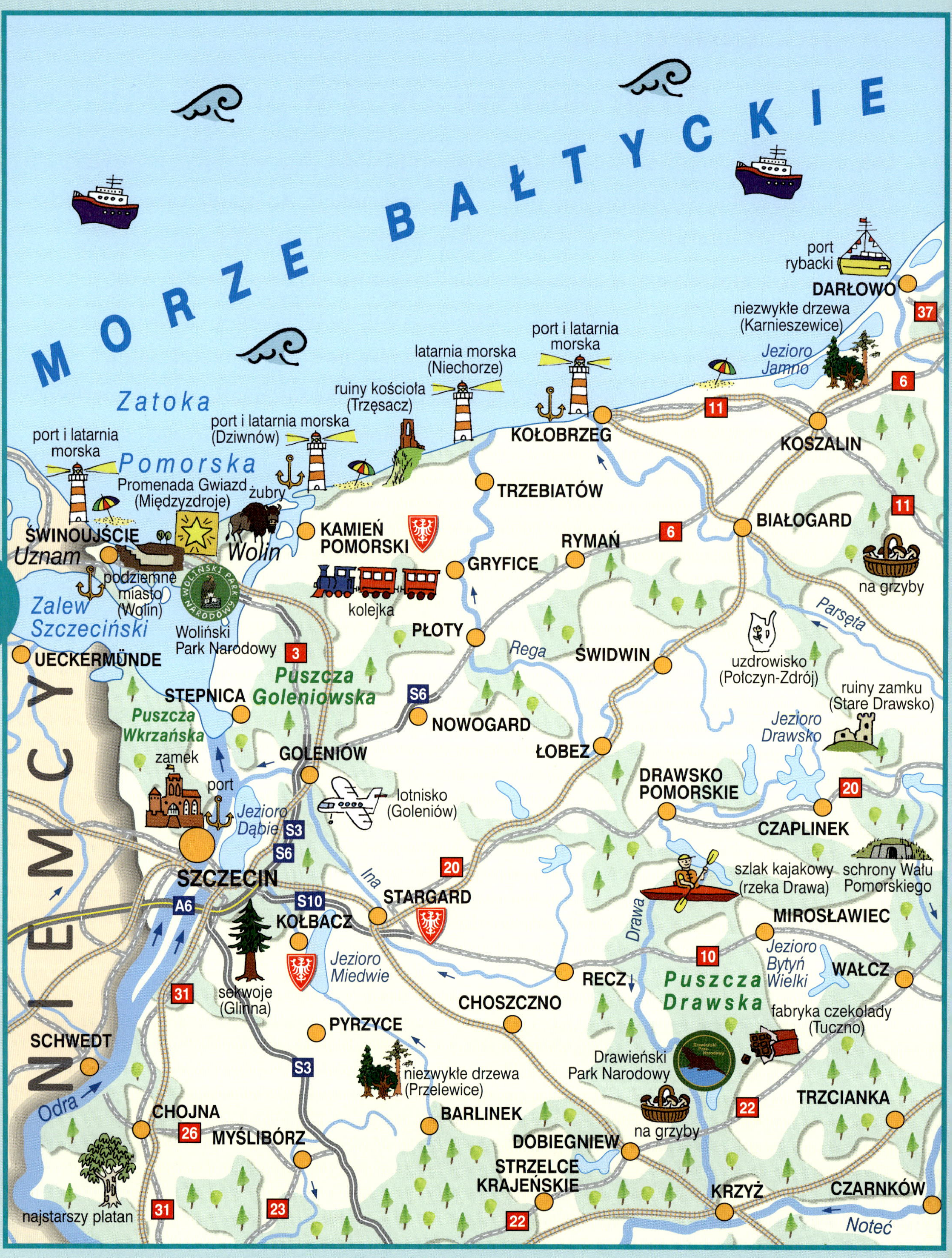

MORZE BAŁTYCKIE
Zatoka Pomorska
port i latarnia morska
port i latarnia morska (Dziwnów)
ruiny kościoła (Trzęsacz)
latarnia morska (Niechorze)
port i latarnia morska
port rybacki
DARŁOWO
niezwykłe drzewa (Karnieszewice)
Jezioro Jamno
KOŁOBRZEG
KOSZALIN
Promenada Gwiazd (Międzyzdroje)
żubry
ŚWINOUJŚCIE
Uznam
Wolin
podziemne miasto (Wolin)
Woliński Park Narodowy
Zalew Szczeciński
UECKERMÜNDE
KAMIEŃ POMORSKI
kolejka
GRYFICE
TRZEBIATÓW
RYMAŃ
BIAŁOGARD
na grzyby
PŁOTY
Rega
ŚWIDWIN
Parsęta
uzdrowisko (Połczyn-Zdrój)
ruiny zamku (Stare Drawsko)
Jezioro Drawsko
Puszcza Goleniowska
STEPNICA
Puszcza Wkrzańska
NOWOGARD
ŁOBEZ
GOLENIÓW
zamek
port
Jezioro Dąbie
lotnisko (Goleniów)
DRAWSKO POMORSKIE
CZAPLINEK
szlak kajakowy (rzeka Drawa)
schrony Wału Pomorskiego
SZCZECIN
Ina
STARGARD
KOŁBACZ
MIROSŁAWIEC
Jezioro Bytyń Wielki
WAŁCZ
Jezioro Miedwie
sekwoje (Glinna)
RECZ
Drawa
Puszcza Drawska
CHOSZCZNO
fabryka czekolady (Tuczno)
PYRZYCE
SCHWEDT
Drawieński Park Narodowy
niezwykłe drzewa (Przelewice)
na grzyby
TRZCIANKA
Odra
CHOJNA
MYŚLIBÓRZ
BARLINEK
DOBIEGNIEW
STRZELCE KRAJEŃSKIE
KRZYŻ
CZARNKÓW
Noteć
najstarszy platan
NIEMCY
S3
S6
S10
A6
3
6
11
20
10
22
23
26
31
37

4

10 0 10 20 30 40 50 kilometrów
Słowiński Park Narodowy
MaB
wydmy
latarnia morska „Stilo"
ŁEBA
park rozrywki (Łeba)
klasztor (Żarnowiec)
latarnia morska Rozewie
WŁADYSŁAWOWO
KUŹNICA
latarnia morska
JASTARNIA
JURATA
HEL
Półwysep Helski
PUCK
port rybacki
port
fokarium
port rybacki i latarnia morska
Jezioro Gardno
Jezioro Łebsko
skansen (Kluki)
USTKA
21
WEJHEROWO
6
RUMIA
GDYNIA
ORP „Błyskawica"
Zatoka Gdańska
SOPOT
port
Żuraw
ŁĘBORK
Łeba
Wieprza
SŁUPSK
6
zamek (Łapalice)
Łupawa
lotnisko (Gdańsk-Rębiechowo)
S6
GDAŃSK
SŁAWNO
Słupia
Grabowa
Jezioro Raduńskie Dolne
KARTUZY
ŻUKOWO
PRUSZCZ GDAŃSKI
91
7
zamek
BYTÓW
21
góra Wieżyca
SZYMBARK
20
A1
Wisła
KOŚCIERZYNA
TCZEW
zamek
MALBORK
Wierzyca
STAROGARD GDAŃSKI
BOBOLICE
MIASTKO
20
na grzyby
Jezioro Wdzydze
skansen (Wdzydze Kiszewskie)
25
Bory Tucholskie
PELPLIN
SZTUM
zamek (Gniew)
BIAŁY BÓR
Brda
22
11
szlak kajakowy (rzeka Brda)
Park Narodowy Bory Tucholskie
MaB
niezwykłe drzewa (Wirty)
kościół (Pelplin)
zamek
CZERSK
Bory Tucholskie
KWIDZYN
A1
zamek
Jezioro Charzykowskie
91
SZCZECINEK
CHOJNICE
Brda
Wda
CZŁUCHÓW
KIEŁPIN
55
schrony Wału Pomorskiego
Gwda
22
TUCHOLA
NOWE
ruiny zamku (Rogóźno)
na grzyby
16
Łobżonka
SĘPÓLNO KRAJEŃSKIE
25
spichlerze
GRUDZIĄDZ
JASTROWIE
ŚWIECIE
55
Jezioro Koronowskie
CHEŁMNO
ruiny zamku (Radzyń Chełmiński)
22
ZŁOTÓW
11
KORONOWO
56
5
ratusz
WĄBRZEŹNO
spichlerze
Wisła
91
A1
zamek
WYRZYSK
NAKŁO NAD NOTECIĄ
zespół miejski
PIŁA
10
BYDGOSZCZ
piernik
15
GOLUB--DOBRZYŃ
fabryka żarówek
skansen (Osiek nad Notecią)
Noteć
80
SOLEC KUJAWSKI
Mikołaj Kopernik
SZUBIN
lotnisko
CHODZIEŻ
5
TORUŃ
tężnie
11
Noteć
25
10
15
CIECHOCINEK

Pomorze

Pomorze to nie tylko piękne, szerokie nadmorskie plaże z czystym białym piaskiem, gdzie można wypoczywać. Warto też odwiedzić któryś z portów rybackich lub wybrać się na wycieczkę do latarni morskiej. Dalej od wybrzeża można zajrzeć do miast oraz wsi z pięknymi domami i kościołami, tajemniczymi zamkami czy wreszcie do muzeów pod gołym niebem, zwanych skansenami. Miłośników przyrody zachwycą urocze jeziora, rzeki, którymi można spłynąć, pagórki porośnięte lasami, wielkie głazy narzutowe, ogrody pełne egzotycznych drzew i krzewów oraz rezerwat żubrów.

Szczecin – Wały Chrobrego

Szwajcaria Kaszubska

Puszcza Wkrzańska

Gdynia – zlot żaglowców

od A do Z

Bory Tucholskie

Bory Tucholskie to piękny czysty region z licznymi rzekami i jeziorami oraz ogromnymi lasami. Można tu spotkać wiele zwierząt oraz rzadko występujące ptaki. Na kajakarzy czeka przepiękny szlak rzeką Brdą. Region jako bardzo cenny przyrodniczo uznano za rezerwat biosfery UNESCO.

Bory Tucholskie. Niewielkie jezioro Kacze Oko, zwane sucharem, położone jest w zagłębieniu bezodpływowym

Chełmno patrz strona 20

Chojna, miasto położone nad rzeką Rurzycą – dopływem Odry. W parku rośnie jeden z największych i zarazem najstarszy platan w Polsce. Stare drzewo ma obwód pnia prawie 11 metrów, a jego wysokość to 35 metrów.

Darłowo, miasto przy ujściu rzeki Wieprzy do Bałtyku. Najważniejszym zabytkiem jest Zamek Książąt Pomorskich. W nadmorskiej części, Darłówku, znajduje się niewielki port

Zamek w Darłowie nad rzeką Wieprzą

rybacki, ciekawy rozsuwany most oraz latarnia morska.

Drawa to jedna z najpiękniejszych i najczystszych rzek w Polsce znana jako malowniczy szlak kajakowy. Więcej informacji znajdziesz w następnym haśle.

Drawieński Park Narodowy w całości mieści się w dorzeczu rzeki Drawy na pograniczu aż trzech województw: zachodniopomorskiego, wielkopolskiego i lubuskiego. Największą atrakcją jest właśnie Drawa uznana za jeden z najpiękniejszych w Polsce szlaków kajakowych (imienia Jana Pawła II na pamiątkę jego spływów po rzece). Szlak prowadzi przez fragmenty głębokiej doliny krętej rzeki z brzegami porośniętymi pięknymi lasami liściastymi.

str. 152

Drawa w okolicy Szwedzkich Szańców

Pomorze

Dar Pomorza to statek-muzeum w porcie w Gdyni

Na niektórych odcinkach rzeka i jej dopływy stworzyły efektowne wąwozy, których zbocza mają nawet 30 m wysokości! Najbardziej naturalna roślinność w parku występuje na torfowiskach, łąkach i nad jeziorami. Na wyspie na jeziorze Ostrowiec żyje liczna kolonia kormoranów. W parku rośnie wiele rzadkich gatunków roślin torfowiskowych, jednak największą osobliwością są storczyki. Nad Drawą stosunkowo łatwo można spotkać ptaki drapieżne i wodno-błotne m.in.: bielika, rybołowa, kormorana, tracza nurogęś czy gągoła. W rzekach i jeziorach żyją rzadkie gatunki ryb np. trocie.

Dziwnów, znane kąpielisko morskie i przystań, z której kursują statki na wyspę Wolin. Przy hali sportowej jest Aleja Gwiazd Sportu.

Gdańsk patrz strona 22

Gdynia, to ważne miasto portowe. Pomimo, że Gdynia jest stosunkowo młodym miastem jej śródmieście uznano za pomnik historii. Przy nabrzeżu cumują znane żaglowce – *Dar Pomorza* i *Dar Młodzieży*. Jest tam też zabytkowy okręt-muzeum, czyli niszczyciel ORP *Błyskawica*, na którym walczyli marynarze w czasie II wojny światowej.

Glinna, wieś z niezwykłym ogrodem, w którym rosną egzotyczne i okazałe drzewa oraz krzewy. Niektóre gatunki, takie jak metasekwoja chińska, szydlica japońska czy sosna oścista, są uważane za najstarsze na Ziemi. Tu również rośnie największa w Polsce jodła o obwodzie 4 i pół metra i wysokości 43 metry.

Gniew, niewielkie miasteczko nad Wisłą z potężnym zamkiem krzyżackim, przy którym działa bractwo rycerskie.

Grudziądz, liczący około 100 tysięcy mieszkańców jest najmniejszym miastem w Polsce, w którym jeżdżą tramwaje.

Największą atrakcją turystyczną Grudziądza są wybudowane nad Wisłą wielkie spichlerze do przechowywania zboża. Dzisiaj mieszkają w nich ludzie.

Gryfice to miasteczko, którego główną atrakcją są stojące pod gołym niebem parowozy, wagony i drezyny.

Zabytkowa kolejka na trasie z Gryfic do Niechorza

Latem możliwa jest przejażdżka ciuchcią retro z Gryfic do okolicznych miejscowości.

Hel, znana miejscowość rybacka na krańcu Półwyspu Helskiego. Przyjezdni chętnie odwiedzają latarnię morską, port i fokarium, z dokazującymi w basenie sympatycznymi fokami.

Lokatorki helskiego fokarium

Jastarnia położona na Półwyspie Helskim znana jest z pięknych plaż. Niestety tutejszej latarni morskiej nie można zwiedzać.

Jurata to osada do niedawna znajdująca się w granicach Jastarni. Jest modnym letniskiem z drogimi i luksusowymi hotelami.

Kamień Pomorski rozsławia kościół św. Jana Chrzciciela, którego budowę rozpoczęto już w XII w. W tej starej budowli znajdują się wiekowe rzeźby, malowidła na ścianach, obrazy, ołtarze oraz słynne organy. Latem na koncerty organowe tłumnie przybywają turyści i koneserzy tej muzyki. Obiekt jest pomnikiem historii.

Wnętrze kamieńskiej katedry

Pomorze

Kartuzy są stolicą Kaszub. Nazwa miasta pochodzi od zakonu kartuzów. By przypominać zakonnikom o nieuchronnej śmierci, dachowi klasztornego kościoła nadano kształt trumny.

Kaszuby to kraina lasów, jezior i malowniczych wzgórz. Najpiękniejszą ich część nazywa się Szwajcarią Kaszubską. Rzeki i strumyki płyną tu wartko, czyli szybko i przyciągają wielu kajakarzy. Na Kaszubach mieszkają Kaszubi mówiący językiem kaszubskim, który jest zupełnie niepodobny do polskiego. Zachowali wiele starych zwyczajów. Mają piękne ludowe stroje, które wkładają na specjalne okazje. Ich kulturę można poznawać podczas rozmaitych festynów i w Muzeum Kaszubskim w Kartuzach.

Kluki to stara osada rybacka, w której mieści się skansen – Muzeum Wsi Słowińskiej. Można w nim zobaczyć chałupy kryte trzciną, a także budynki gospodarcze i sprzęty rybackie. Szczególne zainteresowanie budzą klumy, czyli drewniane buty dla koni do chodzenia po bagnach.

Chata w skansenie w Klukach ma ściany w charakterystyczną kratę, którą tworzą drewniane belki

Diabelski Kamień nad jeziorem Kamiennym na Kaszubach

Kołbacz koło Stargardu to niewielka osada nad jeziorem Miedwie. Słynie z dzieła pracowitych zakonników – cystersów, którzy przybyli tu w XII wieku i wznieśli murowany kościół klasztorny oraz imponujące zabudowania gospodarcze. Ich dzieło uznano za pomnik historii.

Gotycka stodoła pocysterska w Kołbaczu

Kołobrzeg to największe polskie uzdrowisko i jednocześnie nadmorski port przy ujściu Parsęty do Bałtyku.

Kolegiata w Kołobrzegu

Kuźnice, dawna rybacka wieś, która do niedawna znajdowała się w granicach Jastarni. Tu Półwysep Helski jest najwęższy – liczy zaledwie 200 metrów szerokości.

Kwidzyn, miasto nad rzeką Liwą znane z produkcji papieru, elektroniki samochodowej oraz paneli solarnych. Dużą atrakcją dla turystów jest zamek wzniesiony przez krzyżaków. Znajduje się w nim gdanisko, czyli specjalna wieża wybudowana nad fosą, w której mieściła się ubikacja. Do zamku przylega piękna stara katedra.

Łeba, popularne kąpielisko morskie położone między przybrzeżnymi jeziorami Łebsko i Sarbsko. Stąd zaczyna się szlak prowadzący do ruchomych wydm w Słowińskim Parku Narodowym, a w pobliżu warto zajrzeć do latarni morskiej Stilo.

Pomorze

Malbork był stolicą Państwa Zakonnego, a widoczny nad Nogatem zamek siedzibą Wielkiego Mistrza Zakonu Krzyżackiego.

Malbork był największą ceglaną twierdzą w Europie, stolicą potężnego Państwa Zakonu Krzyżackiego i siedzibą wielkich mistrzów. Zespół zamkowy zajmuje obszar sześć razy większy niż Wawel. Jego budowa zaczęła się jeszcze w XIII wieku, ale docelowy kształt osiągnął dopiero w połowie następnego wieku, gdy przystosowywano go roli rezydencji wielkiego mistrza. Otoczony murami i fosami składał się wtedy z Zamków: Wysokiego, Średniego i Niskiego. Rozmiary największej sali – Wielkiego Refektarza – nadal budzą zdumienie. Po zniszczeniach w czasie II wojny światowej zamek został pieczołowicie odrestaurowany i w 1997 r. znalazł się na liście światowego dziedzictwa UNESCO.
Jest też pomnikiem historii.

Międzyzdroje to jedna z bardziej znanych miejscowości nadmorskich. Na słynnej Promenadzie Gwiazd można zobaczyć odciski dłoni największych aktorów polskiego kina.

Piaszczysta plaża w Międzyzdrojach sąsiaduje z porośniętym lasem wysokim brzegiem, zwanym klifem

Niechorze to wioska rybacka z portem, w którym często cumują kutry. Charakterystyczna jest też ponadstuletnia latarnia morska przypominająca ceglaną twierdzę z wysoką białą wieżą.

Osiek nad Notecią znany jest ze skansenu. Pod gołym niebem. Obok chałup i budynków gospodarczych, stoją remiza strażacka, kuźnia, tartak i wiatraki.

Park Narodowy Bory Tucholskie

Park Narodowy Bory Tucholskie – jeden z najmniejszych w Polsce, chroni bory sosnowe oraz położone wśród nich malownicze jeziora. Aż 15% powierzchni lasów zajmują ponadstuletnie sosny. Atrakcyjna przyrodniczo i krajobrazowo jest dolina Strugi Siedmiu Jezior łącząca śródleśne zbiorniki z niezwykle czystą wodą, o wysokich, opadających skarpami brzegach. Są one siedliskiem unikatowych roślin. Wokół mniejszych, zarastających zbiorników wodnych utworzyły się torfowiska, na których rosną m.in. mięsożerne gatunki rosiczek. W lasach łatwo spotkać pasące się jelenie, sarny i dziki, trudniej płochliwe lisy, kuny, borsuki oraz piękne gronostaje.

str. 150

Dzik (*Sus scrofa*)

Do najcenniejszych ptaków zaliczyć można bielika, puchacza i bąka. Na jeziorach pływają łabędzie nieme, gągoły, cyraneczki, a przy brzegach polują piękne zimorodki i żurawie. Tych ostatnich jest szczególnie dużo, gdyż Bory Tucholskie to jedno z ich ważniejszych lęgowisk w kraju. W 2010 roku park został uznany za rezerwat biosfery UNESCO.

Zimorodek (*Alcedo atthis*)

Pelplin to niewielkie miasto z klasztorem zakonników cystersów.

Piękne sklepienie kościoła w Pelplinie ukazuje ogrom tej budowli

Choć znajduje się tu jeden z największych kościołów w Polsce to najcenniejszym zabytkiem jest jednak licząca ponad 500 lat Biblia. Pochodzi z pracowni samego mistrza Jana Gutenberga, który wynalazł druk. To jedna z pierwszych drukowanych ksiąg w Europie. Między innymi z tego powodu zespół klasztorny uznano za pomnik historii.

Pomorze

Połczyn-Zdrój od dawna znany jest jako uzdrowisko oferujące specjalne kąpiele i łagodny klimat.

Staw w parku zdrojowym w Połczynie-Zdroju

Półwysep Helski, najdłuższy w Polsce, osłania Zatokę Pucką od otwartego morza. Jest tak wąski, że można go bez trudu przemierzyć wszerz. Jeszcze kilkaset lat temu składał się z oddzielnych wysp.
Leży na nim wiele atrakcyjnych i popularnych, zwłaszcza w czasie wakacji, miejscowości.

Puck leży oczywiście nad Zatoką Pucką. Kiedyś był ważnym portem morskim. Teraz korzystają z niego rybacy i żeglarze, którzy mogą tu zdobyć uprawnienia żeglarza i sternika morskiego.

Plaża w Pucku i kitesurferzy ślizgający się na deskach ustawionych krawędziami do fali

Radzyń Chełmiński znany jest z okazałych ruin krzyżackiego zamku-klasztoru z potężną wieżą.

Zamek w Radzyniu Chełmińskim

Rozewie to niemal najdalej wysunięty na północ punkt w Polsce. Stoi tam najstarsza na polskim wybrzeżu latarnia morska. Urządzono w niej Muzeum Latarnictwa Morskiego.

Słowiński Park Narodowy to kraina wody, wiatru i piasku. Jest rezerwatem biosfery UNESCO gdyż chroni unikatowe w skali Europy ruchome wydmy oraz przymorskie jeziora powstałe przez odcięcie dawnych morskich zatok. Najwyższą wydmą jest Łącka Góra (42 metry wysokości), która w filmach grała nawet pustynię. Takie wydmy mogę się przesunąć nawet o 10 metrów w ciągu jednego roku. W całkowitej powierzchni parku położonego nad samym Bałtykiem dominują wody morskie i śródlądowe zajmując ponad 65%.

str. 146

Ruchome wydmy w Słowińskim Parku Narodowym

Wokół jezior występują bagna, torfowiska, wrzosowiska i łąki. W Parku rośnie wiele rzadkich gatunków roślin, m.in. mikołajek nadmorski i malina moroszka. Obszar jest ostoją ptaków. Dlatego włączono go do międzynarodowych sieci ochrony ptaków m.in. Konwencji Ramsarskiej. Na plażach spotyka się niekiedy foki szare, a w przybrzeżnych wodach spokrewnione z delfinami morświny. Nazwa parku pochodzi od Słowińców, ludności mieszkającej jeszcze do niedawna nad jeziorami Gardno i Łebsko, a posługującej się odmianą języka kaszubskiego.

Sopot to uzdrowisko i kurort morski pomiędzy Gdańskiem a Gdynią. Znane jest z najdłuższego molo, czyli drewnianego pomostu dla spacerowiczów, o długości 512 metrów.

Słynne sopockie molo

Co roku w sopockim amfiteatrze – Operze Leśnej – odbywa się międzynarodowy festiwal piosenki.

Stare Drawsko z malowniczymi ruinami starego zamku Drahim zbudowanego 700 lat temu przez rycerzy joannitów, chętnie odwiedzają turyści. Dzisiaj przy zamku działa bractwo rycerskie. W pobliżu przy kościele umieszczono stary kajak, który wyznacza początek szlaku kajakowego po rzece Drawie. Płynął nim kiedyś Karol Wojtyła, późniejszy papież Jan Paweł II.

Stargard należy do najstarszych grodów na Pomorzu o rodowodzie sięgającym nawet VIII-IX wieku. Na rynku króluje piękny kościół mariacki, a stare miasto obwarowano ceglanymi murami.

Stargard – mury obronne

Te elementy spowodowały wpisanie starówki na listę pomników historii. Do niedawna nazwa miasta składała się z dwóch słów i brzmiała Stargard Szczeciński.

Pomorze

Szczecin to malowniczo położone miasto nad Odrą i ważny port morski, chociaż oddalony od Bałtyku aż o 70 kilometrów! Dawniej był stolicą pomorskiego księstwa o czym przypomina Zamek Książąt Pomorskich.

Świnoujście jako jedyne miasto w Polsce leży na kilku wyspach. Największe z nich to Wolin i Uznam. Z portu, z najwyższą w Polsce latarnią morską (86 metrów!), można popłynąć promem do Szwecji i na duńską wyspę Bornholm.

Stawa Młyny, czyli świetlny znak nawigacyjny na falochronie w Świnoujściu

Tczew, stare pomorskie miasto z dwoma zabytkowymi mostami na Wiśle. Każdy z nich ma ponad 1 kilometr długości. Są najdłuższe w Polsce. Starszy most liczy ponad 150 lat. Kiedyś był jednym z najdłuższych mostów na świecie.

Most w Tczewie podziwiany za nowatorskie rozwiązanie techniczne

Trzęsacz słynie z ruin kościoła stojących na stromym brzegu morza. Gdy go zbudowano ponad 700 lat temu stał w odległości aż 2 kilometrów od morza. Przez wieki morze niszczyło brzeg i zbliżało się do kościoła. Dzisiaj pozostał jedynie fragment jednej ściany, reszta budowli runęła do morza. Gdyby nie działania człowieka nawet i tę ostatnią ścianę pochłonęłoby morze.

Ustka konkuruje z Łebą o tytuł wakacyjnej stolicy Polski. Dawna miejscowość rybacka, z niewielkim portem i latarnią morską, obecnie kojarzona jest przede wszystkim jako uzdrowisko morskie i letnisko.

Ustka - plaża wschodnia

Wałcz zachwyci wszystkich miłośników fortyfikacji i schronów. Tu i w wielu okolicznych miejscowościach – Szczecinku, Nadarzycach i Zdbicach znajdują się pozostałości Wału Pomorskiego, czyli umocnień niemieckich z czasów II wojny światowej.

Wdzydze Kiszewskie to wieś z najstarszym w Polsce skansenem powstałym ponad 100 lat temu. Zgromadzono w nim kaszubskie zagrody, dworki szlacheckie, chałupy, wiejską szkołę, kościół, tartak, kuźnię, a nawet dwa wiatraki.

Wiatrak typu holender w skansenie we Wdzydzach Kiszewskich

Wieżyca jest najwyższym wzniesieniem polskich nizin. Z punktu widokowego na szczycie widać okoliczne wzgórza, urocze jeziora i rzeki. Zimą ze stoków Wieżycy korzystają narciarze.

Wirty to ogród nad Jeziorem Borzechowskim założony w 1875 r. przez leśnika-eksperymentatora. Chciał sprawdzić, czy pochodzące z dalekich stron drzewa i krzewy będą rosły w zupełnie innym miejscu. Dzięki niemu w Wirtach można dzisiaj podziwiać różne egzotyczne drzewa np. cyprysik groszkowy i tulipanowiec amerykański.

Woliński Park Narodowy obejmuje część największej polskiej wyspy – Wolin, fragment ujścia rzeki Świny oraz przybrzeżne wody morskie. Szczególne piękne są wysokie brzegi wyspy Wolin zwane klifami. Północny brzeg jest najwyższy w kraju.

str. 148

Klify w Wolińskim Parku Narodowym

Pomorze

Ponad 75% powierzchni parku zajmują lasy ze starymi bukami, gdzie w podszycie rosną storczyki (kilkanaście gatunków!) oraz największa polska paproć – długosz królewski. Wyjątkowo cenna jest roślinność wydm, z gatunkami ciepło- i słonolubnymi np. mikołajkiem nadmorskim. Żyje tu wiele gatunków zwierząt: 70 ryb morskich i słodkowodnych, ponad 230 ptaków (wśród nich m.in. ostrygojad) i 30 ssaków m.in. morświny i foki szare. W pobliżu Międzyzdrojów, utworzono Zagrodę Pokazową Żubrów, a w sąsiedztwie zagrodę z sarnami i dzikami oraz woliery z ptakami drapieżnymi. Są to osobniki chore, które nie poradziłyby sobie na wolności. W parku są fortyfikacje z czasów ostatniej wojny, latarnia

Rezydent Zagrody Pokazowj Żubrów koło Międzyzdrojów

morska „Kikut", a pod Wapnicą – w dawnej kopalni kredy – sztuczne Jezioro Turkusowe z wodą w tym pięknym kolorze.

Władysławowo – wejście do portu

Władysławowo położone nad Bałtykiem w miejscu, w którym Półwysep Helski łączy się z lądem znane jest z portu rybackiego, pysznych ryb oraz latarni morskiej na Rozewiu, która nadal działa. Tym bardziej interesujące jest jej zwiedzanie.

Wyspa Wolin jest największą wyspą w Polsce. Nazwa pochodzi od miasteczka Wolin. W rezerwacie na wyspie można zobaczyć najprawdziwsze żubry, a na początku sierpnia nawet wikinga. Przed setkami lat ci żeglarze-rozbójnicy budzili strach wśród wielu ludów Europy, a także na odległej wyspie Grenlandii.

Festiwal Słowian i Wikingów na Wyspie Wolin

Żarnowiec leży nad Jeziorem Żarnowieckim i słynie z zabytkowego klasztoru. Nad jeziorem miała powstać elektrownia atomowa, ale budowę wstrzymano. W zamian uruchomiono największą w Polsce elektrownię wodną. W pobliskim lesie niedaleko wsi Odargowo jest gigantyczny głaz zwany Diabelskim Kamieniem. Ma obwód 20 metrów i wysokość 3 i pół metra.

Elektrownia wodna w Żarnowcu

Pomorze

Spacerkiem po…

Chełmno położone na wysokim brzegu Wisły bywa nazywane Krakowem Północy. Nie bez powodu uznano je za pomnik historii, czyli szczególnie istotny zespół zabytków. Niektórzy żartują, że z Chełmna jest najpiękniejszy widok na Świecie. Tyle, że Świecie to miasto leżące na przeciwnym, lewym brzegu rzeki Wisły. Założone przez Krzyżaków Chełmno było wzorem dla ponad 220 innych polskich miast, które powstawały na takich samych zasadach. Krzyżacy umieścili w Chełmnie pierwszą stolicę swojego państwa. Do dziś w mieście zachowało się wiele starych zabytków w świetnym stanie. Mieszkańcy Chełmna chcą by ich miasto kojarzono nie tylko z historycznymi obiektami.
W jednym z kościołów znajdują się szczególne relikwie – jedyne takie w Polsce – szczątki świętego Walentego, patrona zakochanych.

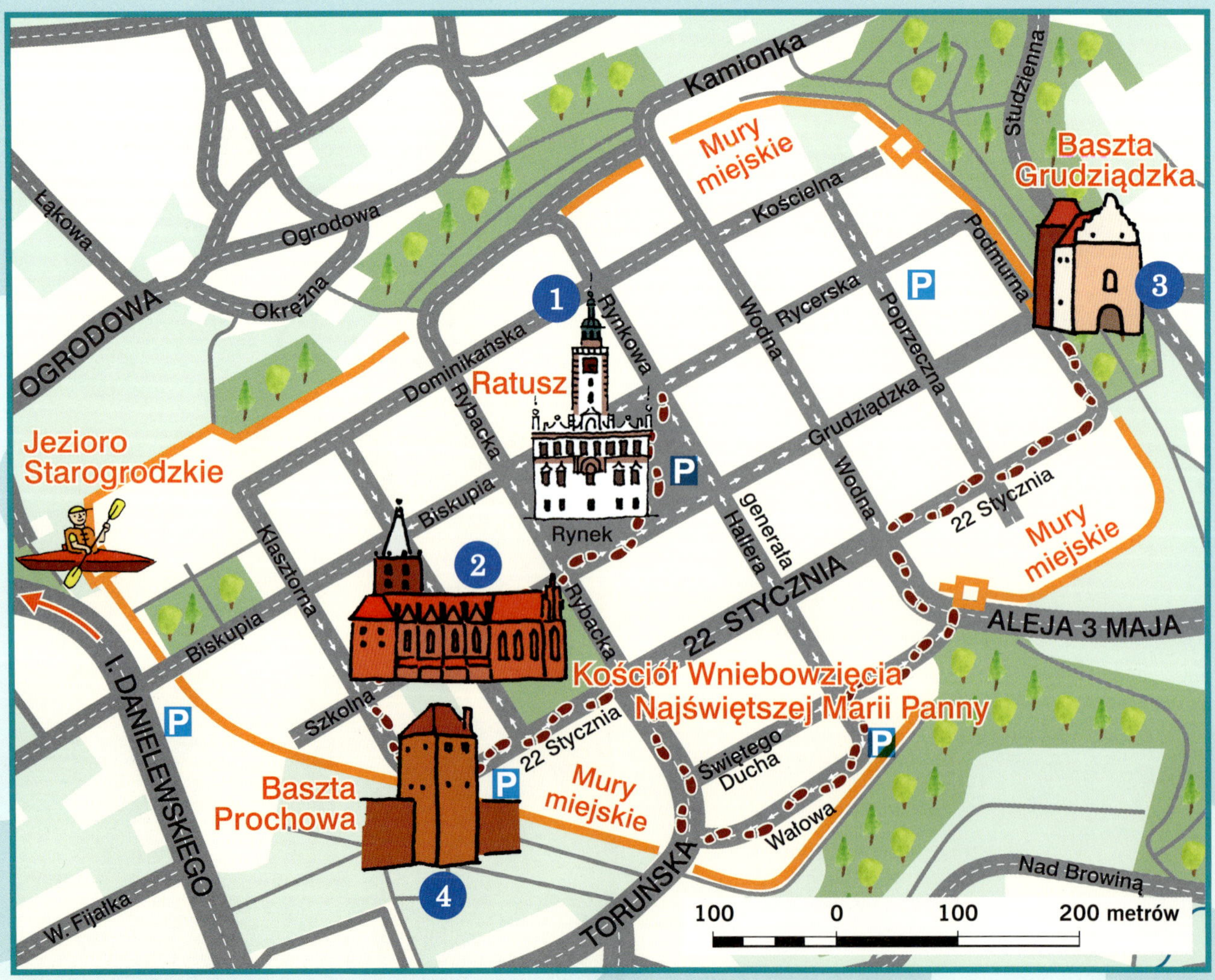

Zwiedzanie Chełmna zaczynamy od **ratusza** 1 stojącego na rynku. Dziś mieści się w nim Muzeum Ziemi Chełmińskiej. W jego ramach zorganizowano wystawę poświęconą sławnemu polskiemu chirurgowi – Ludwikowi Rydygierowi. Zgromadzono w nim przyrządy, którymi półtora wieku temu Rydygier – jako pierwszy na świecie – przeprowadzał skomplikowane operacje. W ratuszu zachwyca piękna sala sądowa ozdobiona malowidłami. W zewnętrzną ścianę budynku wmurowano pręt o długości 4 i pół metra, który był wzorcem dawnej miary długości. Spacer po rynku to okazja do podziwiania zabytkowych kamieniczek i pobliskiego **kościoła Najświętszej Marii Panny** 2. Jego wejście zdobią kamienne rzeźby. Ciemne wnętrze kryje piękne ołtarze i ozdobne ławki z wysokimi oparciami. Ciekawe są boczne kaplice i wielki ołtarz, który pokrywają stare malowidła. Z rynku warto się udać na spacer wzdłuż zachowanych murów obronnych miasta. Do dziś dotrwały 23 baszty i **Brama Grudziądzka** 3 przy ulicy Pomurnej. W **Baszcie Prochowej** 4 czynna jest wystawa, na której wśród wielu eksponatów znajduje się drewniany rower.

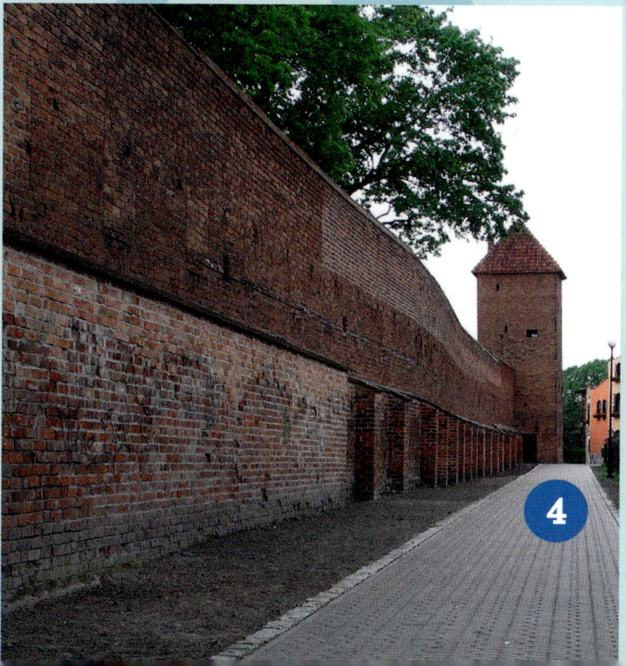

Pomorze

Spacerkiem po…

Gdańsk to stare portowe miasto o bogatej historii więc jest tu wiele zabytkowych kościołów, kamienic i muzeów. Wydarzenia z najnowszej historii przypomina Pomnik Poległych Stoczniowców stojący przed bramą Stoczni Gdańskiej. Gdańska starówka oraz pole bitwy na Westerplatte zostały uznane za pomniki historii. Proponujemy poznawanie miasta według trasy pokazanej na planie i ponumerowanej. Nasz spacer prowadzi Drogą Królewską.

Kolorowe kamieniczki na gdańskiej starówce wyglądają wręcz bajkowo

Brama Wyżynna 1 jest ozdobiona kamiennymi herbami Gdańska i Polski.

Katownia 2 z wysoką wieżą to dawne więzienie, obecnie muzeum z narzędziami tortur i mumią wampira.

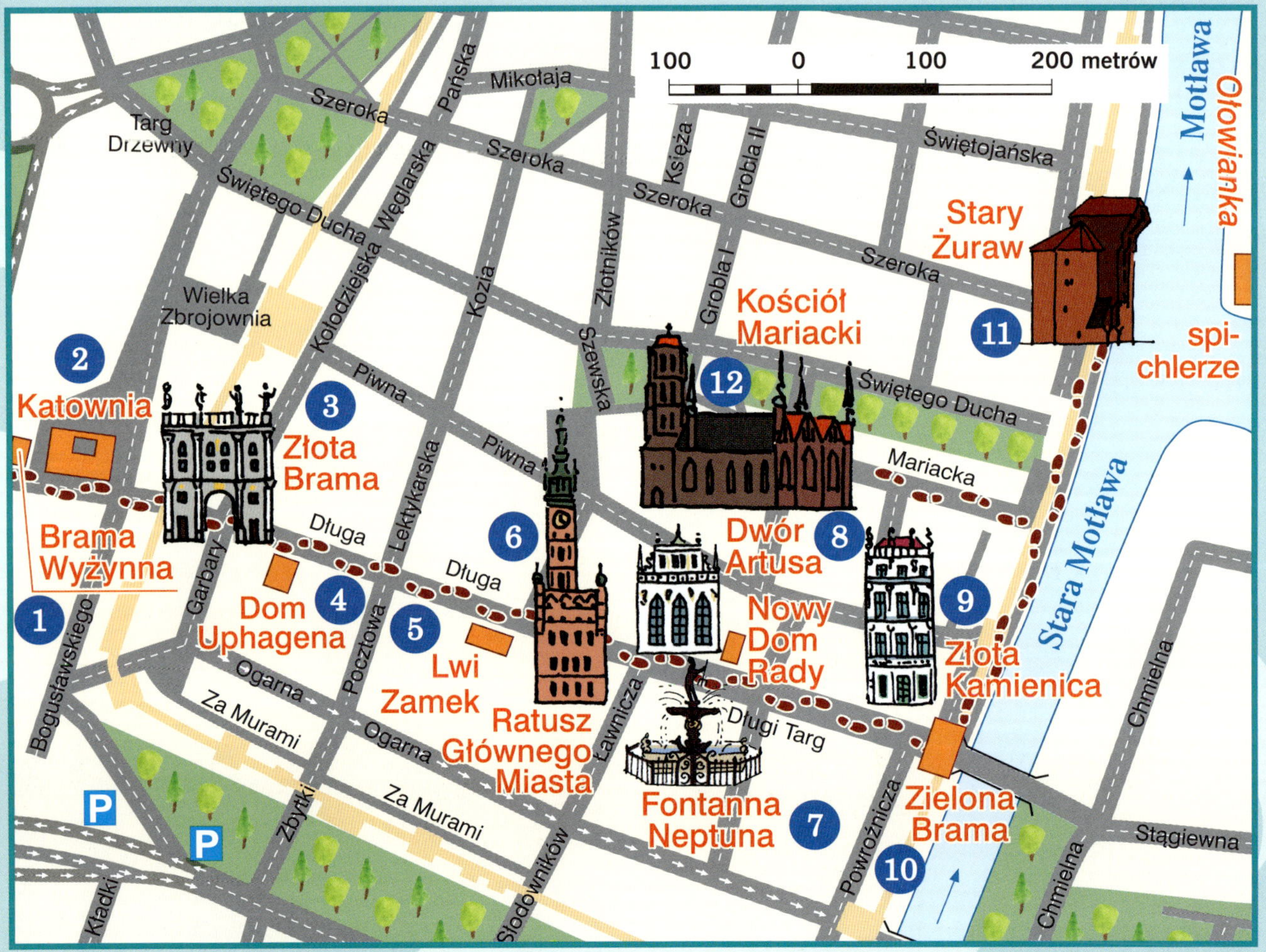

Złota Brama 3 przy ulicy Długiej była kiedyś bogato pokryta złoceniami. Jej pochodzi nazwa wywodzi się zapewne od nich.

Dom Uphagena 4 przy ulicy Długiej numer 12 ma pięknie zachowane wnętrza z XVIII wieku, które przez wiele lat urządzał gdański rajca Jan Uphagen.

Lwi Zamek 5 to również kamienica przy ulicy Długiej pod numerem 35 nazywana tak gdyż wejście do budynku dekorują lwy.

Ratusz Głównego Miasta 6 stoi przy ulicy Długi Targ. Ma wysmukłą wieżę, na której szczycie umieszczono pozłacaną figurę polskiego króla Zygmunta Augusta. O pełnej godzinie dzwony na wieży wygrywają melodie. Ściany Sali Czerwonej we wnętrzu ratusza bogato ozdobiono malowidłami i obrazami.

Fontanna Neptuna 7 przy Długim Targu jest otoczona wspaniałą wykutą w żelazie kratą. Neptun to mityczny władca mórz i oceanów.

Pomorze

Dwór Artusa 8 był kiedyś miejscem spotkań, biesiad oraz przedstawień teatralnych. Obecnie jest w nim muzeum z modelami żaglowców, a zniszczone wielkie malowidła na ścianach odtworzono korzystając ze specjalnej techniki komputerowej. We wnętrzach znajduje się najwyższy w Europie 12-metrowy piec kaflowy. Przez okno w sąsiednim budynku wygląda czasami piękna dziewczyna z porcelany. To panienka z okienka – bohaterka powieści dla młodzieży.

Złota Kamienica 9 przy Długim Targu pod numerem 41 to jeden z najpiękniejszych budynków w całym Gdańsku. Ozdobiono ją pozłacanymi rzeźbami wykonanymi z kamienia.

Zielona Brama 10 nad Motławą, jedną z odnóg Wisły, stoi na końcu ulicy Długi Targ.

Żuraw 11 – ważny symbol Gdańska – to dawna brama miejska przekształcona w jeden z największych dźwigów portowych Europy. Obecnie urządzono tu oddział Centralnego Muzeum Morskiego. Główna siedziba tego

Widok na Długi Targ przez Zieloną Bramę

Żuraw, czyli dźwig w dawnym porcie w Gdańsku ma ponad 500 lat. Jest najstarszym zachowanym urządzeniem tego typu w Europie

muzeum znajduje się na wyspie Ołowiance, w trzech starych spichlerzach. Przy nabrzeżach cumuje przystosowany do zwiedzania statek „Sołdek", a na wyspę można dotrzeć promem.

Kościół Mariacki 12 należy do największych świątyń w Europie wybudowanych z cegły. Może pomieścić 25 tysięcy wiernych. Nad kościołem góruje 82-metrowa wieża, z której można podziwiać miasto. W wielkim wnętrzu świątyni jest słynny obraz *Sąd Ostateczny* oraz zegar astronomiczny, który pokazuje nie tylko godziny, ale także dni i daty świąt.

Sąd Ostateczny Hansa Memlinga

Pomorze

Legendy

Królowa Bałtyku – legenda o pochodzeniu bursztynu

Od wieków przez ziemie polskie prowadził „bursztynowy szlak". Kupcy przybywali po jantar, cenniejszy wtedy od złota. Nikt nie znał pochodzenia skarbu, ale opowiadano historię Juraty, królowej morskich boginek. Jej złocisty pałac stał na dnie Bałtyku, blisko Półwyspu Helskiego. Jurata lubiła rybaków, podziwiała ich pracę. Dbała, aby mieli udane połowy i spokojne morze. Świadomi, że ktoś się nimi opiekuje, rybacy postanowili złożyć ofiarę. Rozpalili ogromne ognisko, zaczęli śpiewać, a z fal wyłoniła się cudowna dziewczyna.

– Nie bójcie się. Jestem królową morza. Znam wasz ciężki los i chcę wam pomóc – powiedziała. Spośród stojących w ciszy rybaków wyszedł jeden – piękny i młody chłopak – i zapytał królową o imię.

– Nazywają mnie Jurata lub Bursztynka – jeden uśmiech wystarczył, aby rybak się zakochał. Od tej pory śpiewał dla niej pieśni miłosne, które usłyszał bóg Morza i Ziemi, Perkun. Przybył do pałacu Juraty i oświadczył się jej. Jurata odrzuciła jego propozycję, bo kochała rybaka. Perkun obiecał zemstę, jeśli w ciągu pięciu dni nie zmieni decyzji. Jurata spędziła te dni z ukochanym i boginkami, które postanowiły jej nie opuszczać. Mściwy Perkun uderzył piorunem w pałac, rozbijając go na tysiąc kawałków. Wszyscy zginęli, a wzburzona woda wyrzuciła na brzeg złociste okruchy. Znaleźli je rybacy i na pamiątkę nazwali osadę Juratą, a morski kamień – bursztynem.

Kto pierwszy rozpalił ogień na Rozewiu?

Dawno temu, w okolicach przylądka Rozewie, Bałtyk był bardzo spokojny. Jako pierwszy osiedlił się tam samotny rybak, Fabisz. Gnębił go jednak miejscowy diabeł – Purtk. Fabisz postanowił go przechytrzyć i założył się o duszę, że przywiązany do kotwicy diabeł nie pociągnie łodzi Fabisza. Kiedy diabeł poszedł na dno i z całej siły ciągnął łódź, rybak odciął linę. Miał odtąd spokój, ale wściekły diabeł, próbując się uwolnić, burzył morze. Stał się postrachem żeglarzy. Groźniejszy od diabła był jednak granitowy głaz wystający w pobliżu z morza. Stał się przyczyną wielkiej tragedii. Często przepływał tamtędy bogaty kupiec i żeglarz, Frank. W wyprawach towarzyszyła mu ukochana córka, Krista. Ojciec wierzył, że przynosi mu szczęście. Rozpieszczał ją, kupował klejnoty, a ona umilała mu podróż. Pewnego dnia ostrzeżono Franka o zbliżającym się sztormie. Ale on nie posłuchał i nie został w porcie. Gdy wypłynęli, Krista śpiewała, a zasłuchany sternik nie zauważył, że zbliżają się do uwięzionego diabła, i roztrzaskał statek na skale. Dziewczyna uratowała się i ułożyła stos, aby wskazać drogę towarzyszom. Nie miała jednak czym rozpalić ognia i wszyscy zginęli. Jej płacz przyciągnął rybaka Fabisza. Zabrał ją do swej chaty i uspokoił. Młodzi zakochali się w sobie i po jakimś czasie wzięli ślub.

Krista każdej nocy rozpalała ogień, aby ostrzegać żeglarzy, a głaz nazwała imieniem ojca, Frank.

Potomkowie Kristy dbali, aby ogień płonął każdej nocy, wskazując żeglarzom bezpieczną drogę.

Lwy z gdańskiego ratusza

Herb na gdańskim Ratuszu jest inny niż wszystkie. Dwa podtrzymujące go lwy, zamiast patrzeć na siebie, spoglądają w stronę Złotej Bramy. Według legendy, miał stamtąd nadjechać z pomocą dla gdańszczan król Polski.

Kim był mistrz, którego dłuto wyrzeźbiło królewskie lwy? Był to Daniel, zdolny czeladnik, któremu stary majster zlecał trudniejsze prace. Chłopak najchętniej jednak rzeźbił lwy, które w jego rękach wyglądały jak żywe. Gdańsk przeżywał wtedy trudne chwile. Pruski król, Fryderyk, chciał kontrolować miasto i pod groźbą broni ściągał cła od flisaków płynących do Gdańska. Mieszkańcy biednieli, ale nie poddawali się wrogowi. Wtedy właśnie burmistrz postanowił, że na Ratuszu pojawi się nowy herb. Zlecił tę pracę Danielowi. Rzeźbiarz wykuł dwa srogie lwy przypominające o męstwie gdańszczan i wierności Polsce. Do momentu odsłonięcia herbu nikt jednak nie wiedział, że lwy mają łby zwrócone w stronę Złotej Bramy. Ludzie dziwili się i nie rozumieli, dlaczego Daniel tak je wyrzeźbił. Aż jakiś kamieniarz wytłumaczył, że królewskie zwierzęta oczekują powrotu polskiego władcy, aby ten ochronił miasto przed Prusakami. Wkrótce jednak Fryderyk zagarnął miasto i wcielił je do Prus na ponad sto pięćdziesiąt lat.

Pewnej wiosny do miasta wkroczyło polskie wojsko, a z pierwszego czołgu, jaki podjechał na ulicę Długą, wyszedł żołnierz i na szczycie Dworu Artusa zawiesił polską flagę. Lwy doczekały się oswobodzicieli, a Gdańsk znowu należy do Polski.

Wielkopolska i Kujawy

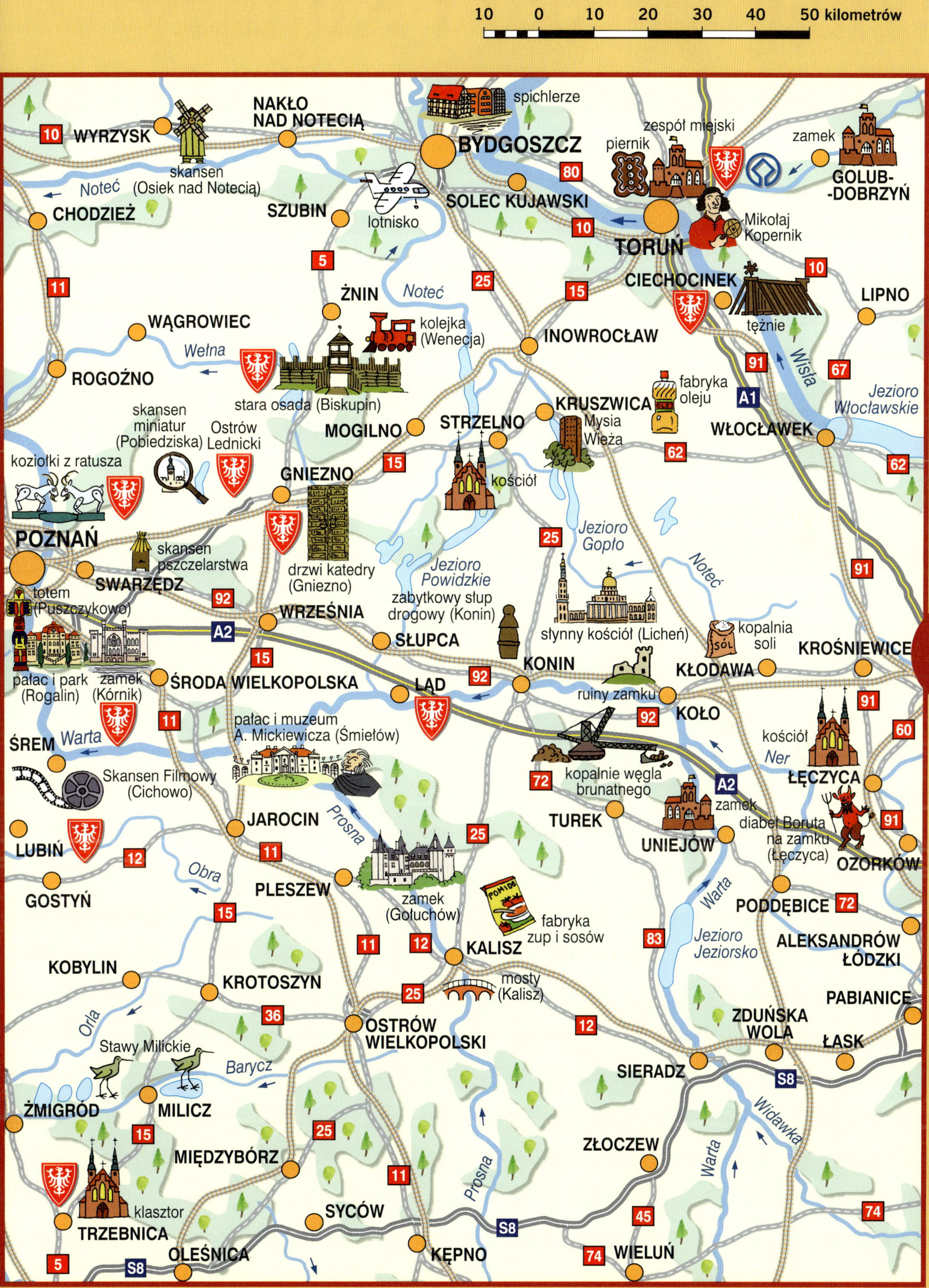

10 0 10 20 30 40 50 kilometrów
WYRZYSK
skansen (Osiek nad Notecią)
NAKŁO NAD NOTECIĄ
spichlerze
BYDGOSZCZ
zespół miejski
piernik
zamek
GOLUB-DOBRZYŃ
Noteć
CHODZIEŻ
SZUBIN
lotnisko
SOLEC KUJAWSKI
TORUŃ
Mikołaj Kopernik
ŻNIN
Noteć
CIECHOCINEK
tężnie
LIPNO
WĄGROWIEC
kolejka (Wenecja)
INOWROCŁAW
Wełna
Wisła
ROGOŹNO
stara osada (Biskupin)
fabryka oleju
KRUSZWICA
Jezioro Włocławskie
skansen miniatur (Pobiedziska)
Ostrów Lednicki
MOGILNO
STRZELNO
Mysia Wieża
WŁOCŁAWEK
koziołki z ratusza
GNIEZNO
kościół
POZNAŃ
skansen pszczelarstwa
Jezioro Gopło
Noteć
SWARZĘDZ
drzwi katedry (Gniezno)
Jezioro Powidzkie
totem (Puszczykowo)
zabytkowy słup drogowy (Konin)
WRZEŚNIA
słynny kościół (Licheń)
kopalnia soli
SŁUPCA
KROŚNIEWICE
KONIN
KŁODAWA
pałac i park (Rogalin)
zamek (Kórnik)
ŚRODA WIELKOPOLSKA
LĄD
ruiny zamku
KOŁO
pałac i muzeum A. Mickiewicza (Śmiełów)
kościół
ŚREM
Warta
Ner
Skansen Filmowy (Cichowo)
kopalnie węgla brunatnego
ŁĘCZYCA
zamek
JAROCIN
Prosna
TUREK
diabeł Boruta na zamku (Łęczyca)
LUBIŃ
UNIEJÓW
OZORKÓW
Obra
PLESZEW
zamek (Gołuchów)
PODDĘBICE
GOSTYŃ
Warta
fabryka zup i sosów
Jezioro Jeziorsko
ALEKSANDRÓW ŁÓDZKI
KALISZ
KOBYLIN
mosty (Kalisz)
KROTOSZYN
PABIANICE
Orla
OSTRÓW WIELKOPOLSKI
ZDUŃSKA WOLA
Stawy Milickie
ŁASK
Barycz
SIERADZ
ŻMIGRÓD
MILICZ
Widawka
MIĘDZYBÓRZ
ZŁOCZEW
Prosna
Warta
klasztor
SYCÓW
TRZEBNICA
KĘPNO
WIELUŃ
OLEŚNICA
A1
A2
S8

Wielkopolska i Kujawy

Wielkopolska to kolebka państwa polskiego. W Poznaniu był kiedyś gród obronny – siedziba księcia Mieszka I, pierwszego władcy Polski. Tu też odbył się chrzest naszego kraju w 966 roku. W Gnieźnie, w pierwszej stolicy Polski, koronowano naszych pierwszych władców.

Z kolei z Kruszwicą związana jest legenda o księciu Popielu, którego myszy zjadły. W Biskupinie można odwiedzić odtworzoną warowną osadę sprzed dwóch i pół tysiąca lat. W Wielkopolsce i na Kujawach nie brakuje malowniczych miasteczek, pięknych kościołów, zamków i pałaców, a także uroczych zakątków nad rzekami, jeziorami i w lasach.

Muzeum Kolei Wąskotorowej

Panorama Kalisza

Zamek w Gołuchowie

Ochla - skansen

od A do Z

Festyn archeologiczny w Biskupinie

Biskupin, warowna osada sprzed dwóch i pół tysiąca lat. Zbudowano ją na wyspie na Jeziorze Biskupińskim. Archeolodzy mozolnie ją odtworzyli i udostępnili zwiedzającym. Co roku odbywają się w niej pikniki archeologiczne. Obiekt uznano za pomnik historii.

Bydgoszcz, miasto, którego wizytówką są zabytkowe spichlerze nad rzeką Brdą. Towarzyszą im dwa nowoczesne budynki ze szkła, stali i cegły.

Bydgoskie odnowione zabytkowe spichlerze nad Brdą i *Przechodzący przez rzekę* – rzeźba na linie

Cichowo położone jest nad jeziorem. Do utworzonego tu malowniczego skansenu filmowego przeniesiono dwór Soplicowo z planu filmowego *Pana Tadeusza* Andrzeja Wajdy. W pobliskiej „akademii zwierząt" przygotowuje się dzikie i domowe zwierzęta do udziału w filmach.

Ciechocinek, znane uzdrowisko na Kujawach z wodami mineralnymi i drewnianymi tężniami. Są to urządzenia służące do odparowywania wody z solanek, czyli bardzo słonych wód wykorzystywanych w leczeniu wielu chorób.

Drzonów, ciekawe muzeum nie tylko dla miłośników sprzętu wojskowego. Można w nim obejrzeć

Wielkopolska i Kujawy

samoloty, śmigłowce, czołgi, armaty, a nawet wyrzutnie rakietowe.

Fragment drzwi gnieźnieńskich przedstawiajacy cesarza Ottona wręczjącego pastorał św. Wojciechowi

Gniezno to bardzo stare miasto, w którym stoi wiekowa katedra uznana za pomnik historii. Prawdziwym jej skarbem są słynne Drzwi Gnieźnieńskie, wykonane z brązu. Przedstawiono na nich sceny z życia oraz śmierci świętego Wojciecha.

Gołuchów słynie ze wspaniałego zamku porównywanego do znanych francuskich zamków nad Loarą. Nieopodal znajduje się zagroda żubrów.

Wnętrze zamku w Gołuchowie

Kalisz to najstarsza miejscowość w Polsce. W centrum miasta znajduje się bardzo dużo mostów i mostków.

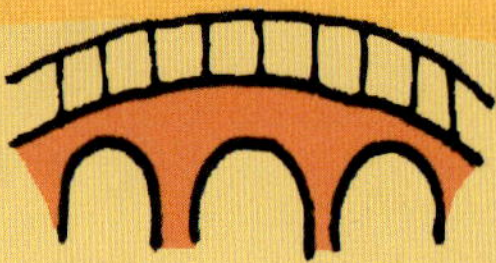

Kalisz słynie też z produkcji fortepianów i zup w proszku.

Kęszyca Leśna to dawna radziecka baza wojskowa. Obecnie w tej miejscowości, w dawnej remizie znajduje się muzeum pożarnictwa z sikawkami konnymi, starymi czterokołowymi wozami strażackimi i przyczepami gaśniczymi.

Kłodawa kojarzona jest z kopalnią soli kamiennej. Zjazd windą z dużą szybkością na głębokość 600 metrów pod ziemią pozostawia niezapomniane przeżycia.

Koło. Miasto owiane jest legendą o ukrytych skarbach w ruinach zamku wzniesionego przez króla Kazimierza Wielkiego.

Konin leży nad Wartą. Z miastem kojarzą się odkrywkowe kopalnie węgla brunatnego. Na Starym Mieście zachował się najstarszy słup drogowy, liczący 900 lat.

Kórnik należy do najchętniej odwiedzanych miast Wielkopolski za sprawą pięknego zamku i parku uznanych za pomnik historii.

Widok z lotu ptaka na zamek i park w Kórniku

W zamku można podziwiać wspaniałe sale oraz zbiory broni i trofeów myśliwskich, a w parku wiele egzotycznych gatunków drzew i krzewów.

Kruszwica położona nad jeziorem Gopło zaprasza turystów do Mysiej Wieży, w której – według legendy, myszy zjadły księcia Popiela. W tutejszych zakładach produkuje się znany olej kujawski.

Ląd – od XII lub XIII wieku działały w tej miejscowości klasztory różnych zakonów. Zachowane do dzisiaj zabudowania są jednak znacznie młodsze. Obiekt jest pomnikiem historii.

Leszno to urocze miasteczko z ładnym rynkiem i ratuszem. Prawdziwą atrakcją są dwa stare, drewniane wiatraki, zwane koźlakami. Służyły kiedyś do mielenia ziarna na mąkę. Cały budynek był obracany za pomocą specjalnych mechanizmów w takim kierunku, by jego skrzydła mogły korzystać z wiejącego wiatru.

Licheń słynie z kościoła Matki Bożej Bolesnej Królowej Polski. Budowana świątynia jest jedną z największych w Europie i mieści około 7 tysięcy wiernych. Przed kościołem stoi wysoki pomnik papieża Jana Pawła II.

Licheń. Na tle wielkiej świątyni widoczny jest pomnik papieża Jana Pawła II

Wielkopolska i Kujawy

Lubiń to wieś koło miasta Kościan z jednym z najstarszych klasztorów w Polsce.

Lubiń. Wnętrze kościoła

Zakonnicy benedyktyni są tu obecni od XI lub początku XII w. Obiekt jest uznany za pomnik historii podobnie jak pobliska Święta Góra z klasztorem filipinów w Głogówku koło Gostynia. W tamtejszym kościele znajduje się cudowny obraz Matki Bożej z Dzieciątkiem słynący z uzdrowień.

Łęczyca to bardzo stara miejscowość z zamkiem królewskim wzniesionym przez Kazimierza Wielkiego. Według legendy stał się siedzibą diabła Boruty, który przybiera tutaj różne postaci. Raz jest szlachcicem w charakterystycznym stroju – kontuszu – i ma szablę przy boku, a innym razem sową pilnującą skarbów na zamku.

Zamek w Łęczycy

Międzyrzecz, a właściwie jego okolice, znane są z największych podziemnych fortyfikacji w Europie, czyli Międzyrzeckiego Rejonu Umocnionego. Długość korytarzy i schronów przekracza 30 kilometrów. Dlatego jeździła tam nawet wąskotorowa kolejka elektryczna. Dodatkową atrakcją podziemi są nietoperze, które zimą tworzą tu największe skupisko w Europie. W części schronów utworzono dla nich rezerwat Nietoperek.

Zimujący nietoperz w rezerwacie Nietoperek

Ochla to uroczy skansen, w którym można zwiedzać wiejskie zagrody. Są w nich stare chałupy, kuźnia oraz warsztaty tkackie, szewskie i bednarskie. W tych ostatnich robiono drewniane beczki.

Wieża winiarska w skansenie w Ochli

W skansenie można też zobaczyć unikatową wieżę winiarską, w której wyciskano sok z winogron.

Ostrów Lednicki pomiędzy Poznaniem a Gnieznem to wyspa na jeziorze Lednica, na którą można popłynąć niewielkim promem.

Ostrów Lednicki – ruiny palatium (głównego budynku) i kaplicy

Tutaj ochrzczono jego syna, późniejszego pierwszego polskiego króla – Bolesława Chrobrego. Z oczywistych względów Ostrów Lednicki uznano za pomniki historii. W pobliskich Dziekanowicach, nad jeziorem Lednica, zorganizowano niewielki skansen z kilkoma drewnianymi budynkami i wiatrakiem koźlakiem oraz Wielkopolski Park Etnograficzny z pięknym dworem i zagrodami wiejskimi.

Park Mużakowski to przykład harmonijnego zakomponowania parków miejskich i zabudowy miast oraz zamku i jego otoczenia, w tym swoistej kolekcji różnych gatunków drzew i krzewów (zwanej arboretum). Park rozciąga się po obu stronach polsko-niemieckiej granicy,

Park Mużakowski, polana stanowiąca część osi widokowej na Nowy Zamek

Są na niej pozostałości bardzo starego grodu obronnego i kościółka. Gród był siedzibą pierwszego polskiego władcy – Mieszka I.

która przebiega korytem rzeki Nysy Łużyckiej. Powstał w XIX wieku i zapoczątkował nowe podejście i rozwój architektury krajobrazu w Europie i Ameryce. Dlatego znalazł się na liście światowego dziedzictwa UNESCO i pomników historii.

Świt w Parku Narodowym Ujście Warty

Park Narodowy Ujście Warty obejmuje tereny nad rzeką Wartą w pobliżu jej ujścia do Odry i stąd wywodzi się jego nazwa. Powołano go dla ochrony unikalnych terenów podmokłych, rozległych łąk i pastwisk stanowiących jedną z najważniejszych w kraju ostoi ptaków wodnych i błotnych. I choć to zaskakujące, park utworzono by zachować obszary bardzo przekształcone przez człowieka, a więc niemające nic wspólnego z naturalnym krajobrazem. Już dawno temu człowiek wykarczował bowiem tutaj lasy, a bagienne nieużytki zamienił w łąki i pastwiska. Ornitolodzy naliczyli w parku 260 gatunków ptaków, z czego aż 170 odbywa na jego terenie swoje lęgi. Podczas jesiennych wędrówek zatrzymują się tutaj arktyczne gęsi w stadach liczących około 80 tysięcy osobników, a niekiedy nawet 200 tysięcy. Park jest także ważnym zimowiskiem dla ptaków, np. łabędzi krzykliwych i niemych, kaczek, gęsi i bielików. By nie malała liczba ptaków przebywających na jego terenie, konieczne jest regularne wykaszanie zarastających łąk. W miejscowości Słońsk można zostać obywatelem tzw. Rzeczpospolitej Ptasiej oraz podziwiać ruiny dawnej głównej siedziby zakonu joannitów wywodzącego się z Malty.

Żuraw *(Grus grus)*

str. 168

Piła to miasto malowniczo położone nad rzeką Gwdą znane z produkcji oświetlenia, a dawniej zwykłych żarówek.

Pobiedziska to specyficzny skansen. Pod gołym niebem, zamiast starych budynków, można zobaczyć wszystkie najważniejsze budowle z terenu Wielkopolski, tyle że w postaci wiernych minia-

Miniaturowa kopia pałacu w Rogalinie pochodząca ze Skansenu Miniatur w Pobiedziskach turowych modeli. Są tu ratusze, kościoły, zamki i pałace, a nawet rynki takiej wielkości, że można się wśród nich poczuć jak Guliwer w krainie Liliputów.

Poddębice, miejscowość, w której znajduje się pałac zbudowany przed 400 laty.

Poznań patrz strona 42

Przelewice słyną z przepięknego ogrodu. Rosną w nim cenne okazy egzotycznych drzew i krzewów. Warto tu zajrzeć wiosną, kiedy wszystkie zaczynają kwitnąć, a ogród japoński wygląda bajkowo.

Ogród japoński w Przelewicach

Pszczew – jak wskazuje nazwa ma coś wspólnego z pszczołami. Jest tu prywatny skansen pszczelarstwa. Zgromadzono w nim kilkanaście barci, czyli uli wydrążonych w pniach drzew.
Są też ule ze słomianymi dachami oraz narzędzia używane przez bartnika i pszczelarza.

Puszczykowo warto odwiedzić z powodu muzeum *Pod Totemem* z pamiątkami po znanym pisarzu i podróżniku Arkadym Fiedlerze. Są tu indiańskie maski, łuki i dzidy, bajecznie kolorowe motyle, wypchane krokodyle oraz wiele innych trofeów.

Racot słynie z pięknego pałacu. Przed ponad 200 laty gościli w nim polscy bohaterowie – książę Józef Poniatowski i Tadeusz Kościuszko.

Dziś rozsławia go największa stadnina koni w Polsce.

Rogalin na pewno warto odwiedzić. Jest tu pałac rodziny Raczyńskich oraz piękny zabytkowy park ze starymi dębami rogalińskimi. Trzy z nich noszą imiona legendarnych braci: Lecha, Czecha i Rusa. Czech już obumarł. Podobno bracia stworzyli trzy państwa: Lech – Polskę, Czech – Czechy, a Rus – Rosję.

Stawy Milickie są dziełem pracowitych zakonników cystersów. Tworzą unikalny obszar wodny na podmokłym terenie doliny rzeki Baryczy. Pięć stawów obejmuje rezerwat chroniący ptaki wodne i błotne. W większości stawów hoduje się karpie.

Stawy Milickie z lotu ptaka

Wielkopolska i Kujawy

Strzelno to małe miasteczko koło Kruszwicy, z dwoma bardzo starymi kościołami. We wnętrzu jednego z nich – pod wezwaniem świętego Prokopa – znajduje się w środku

Kościół św. Prokopa w Strzelnie

grób rycerza. Drugi, to kościół Świętej Trójcy z pięknymi, rzeźbionymi kolumnami, odkrytymi stosunkowo niedawno – tuż po zakończeniu II wojny światowej. Kościół budowany na przełomie XII i XIII wieku wielokrotnie przebudowywano. W czasie jednego z remontów kolumny zostały zamurowane.

Strzyżewice to dzielnica Leszna. Na jej terenie znajduje się lotnisko organizujące loty widokowe oraz szkoła szybowcowa. Na lotnisku przeprowadzane są zawody szybowcowe i balonowe oraz pokazy modeli samolotów.

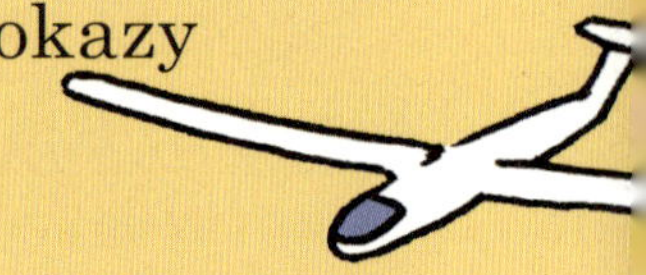

Swarzędz koło Poznania znany jest z fabryki mebli i bardzo ciekawego skansenu pszczelarstwa. Można w nim zobaczyć barcie, czyli ule wydrążone w pniach drzew oraz drewniane rzeźbione ule. Mają postać ludzi, zwierząt, domków i wiatraków. W specjalnie urządzonym ulu można podglądać życie pszczół.

Śmiełów to miasteczko z jednym z najładniejszych pałaców w Wielkopolsce. Przebywał w nim kiedyś poeta Adam Mickiewicz. Dziś mieści się tu jego muzeum. Pałac otacza park ze starymi dębami i lipami.

Pałac w Śmiełowie

Świerkocin to nietypowe w Polsce miejsce gdzie organizowane jest safari. Z okien samochodu można podziwiać spacerujące swobodnie bawoły, antylopy, wielbłądy, zebry i strusie. W zoo mieszkają w klatkach lwy i lamparty, a w małym dziecięcym zoo są oswojone zwierzęta: osiołki, kózki, miniświnki, które można pogłaskać i karmić.

Safari w Świerkocinie

Toruń patrz strona 44

Tuczno jest znane z fabryki czekolady. Należało kiedyś do rodziny Wedlów-Tuczyńskich. W dawnym zamku Wedlów mieści się dziś hotel i centrum konferencyjne.

Turek kojarzy się z węglem brunatnym. Są tu kopalnie odkrywkowe a nie podziemne jak na Górnym Śląsku. W miejscach wydobycia węgla powstają gigantyczne dziury w ziemi, zwane wyrobiskami. Obok tworzą się spore pagórki, zwane hałdami.

Zamek w Uniejowie

Uniejów leży nad Wartą. Do miasta warto zajrzeć nie tylko z powodu zamku, w którym mieści się hotel i restauracja. W Uniejowie znajduje się też basen z wodami termalnymi, w którym pod gołym niebem można się pluskać nawet zimą!

Wenecja to słynne miasto we Włoszech, ale również wielkopolska wieś znana z muzeum kolei wąskotorowej. Znajdują się w nim stare parowozy i wagony. Na odjazd kolejki turystycznej czeka się w zabytkowej poczekalni. Trasa przebiega przez miejscowości: Żnin, Wenecja, Biskupin, Gąsawa.

Lokomotywa Tx4-564 w muzeum kolei wąskotorowej

Wielkopolska i Kujawy

str. 154

Wielkopolski Park Narodowy położony jest w sąsiedztwie Poznania i licznie odwiedzany przez turystów. Wyznakowane ścieżki bardziej przypominają te w parkach miejskich, niż trasy wytyczone w matecznikach i dzikich ostępach.

Jezioro Kociołek

Park chroni jednak wiele roślin i zwierząt. Obejmuje obszar o urozmaiconej rzeźbie z pagórkami i wzniesieniami, z głazami przywleczonymi przez lodowiec ze Skandynawii oraz z podłużnymi zagłębieniami, w których znajdują się jeziora. Te tereny człowiek przekształcał od ponad 1000 lat.

Wielkopolski Park Narodowy latem

W parku rosną głównie lasy sosnowe, ale najstarszymi drzewami są dęby szypułkowe. Występują też drzewa charakterystyczne dla łagodnego klimatu np. jarząb brekinia oraz inne ciepłolubne rośliny m.in. wiciokrzew pomorski.
W parku rosną też gatunki występujące na północy Europy, gdzie panuje surowy klimat np. zimoziół północny. Tutejszą ciekawostką jest obecność pająka topika – jedynego w Polsce spędzającego całe życie pod wodą, w specjalnie utworzonym „dzwonie" z powietrzem oraz innego efektownego pająka – tygrzyka paskowanego.

Topik (*Argyroneta aquatica*)

Wolsztyn to niewielkie miasto z najdłużej działającą w Europie parowozownią. Regularny ruch pociągów pasażerskich zawieszono dopiero w 2014 roku. Od tego czasu kursują już tylko pociągi turystyczne i specjalne. W zabytkowej parowozowni można podziwiać wiekowe parowe lokomotywy oraz stare wagony.

Zabytkowa lokomotywa
w parowozowni w Wolsztynie

Zielona Góra to polska stolica wina. Uprawa winorośli w mieście i okolicach ma tradycje sięgające XIV wieku i znowu się odradza. Turyści mogą obejrzeć plantację winorośli w Parku Winnym, a obok piękną Palmiarnię z palmami, figowcami i roślinami cytrusowymi.

Żagań był stolicą księstwa żagańskiego rządzonego przez Piastów Śląskich. W tutejszym kościele jest sarkofag jednego z książąt Henryka IV Wiernego. Okazałą świątynię umieszczono na liście pomników historii.

Winorośl na zboczu Wzgórza Winnego w Zielonej Górze

Wielkopolska i Kujawy

Spacerkiem po...

Poznań to stolica i największe miasto Wielkopolski. Na międzynarodowe targi co roku przyjeżdżają tu producenci i handlowcy z całego świata. Miasto ma bogatą historię, wiele zabytków, muzeów i innych atrakcji turystycznych. Dawno temu znajdował się tu gród księcia Mieszka I, w którym zbudowano pierwszą w Polsce katedrę. Najstarsze części miasta uznano za pomnik historii.

Spacer zaczynamy od Starego Rynku. Tutaj w **ratuszu** 1 – jednym z najpiękniejszych w naszym kraju – mieści się Muzeum Historii Poznania. Na wieży w zegarze mieszkają białe koziołki o imionach Pyrdek i Tyrdek, które codziennie w południe bodą się rogami. Na rynku stoi też pręgierz, przy którym karano przestępców a nieopodal studzienka z rzeźbą dziewczyny-Bamberki w szerokiej marszczonej spódnicy z dwoma dzbanami na wodę.

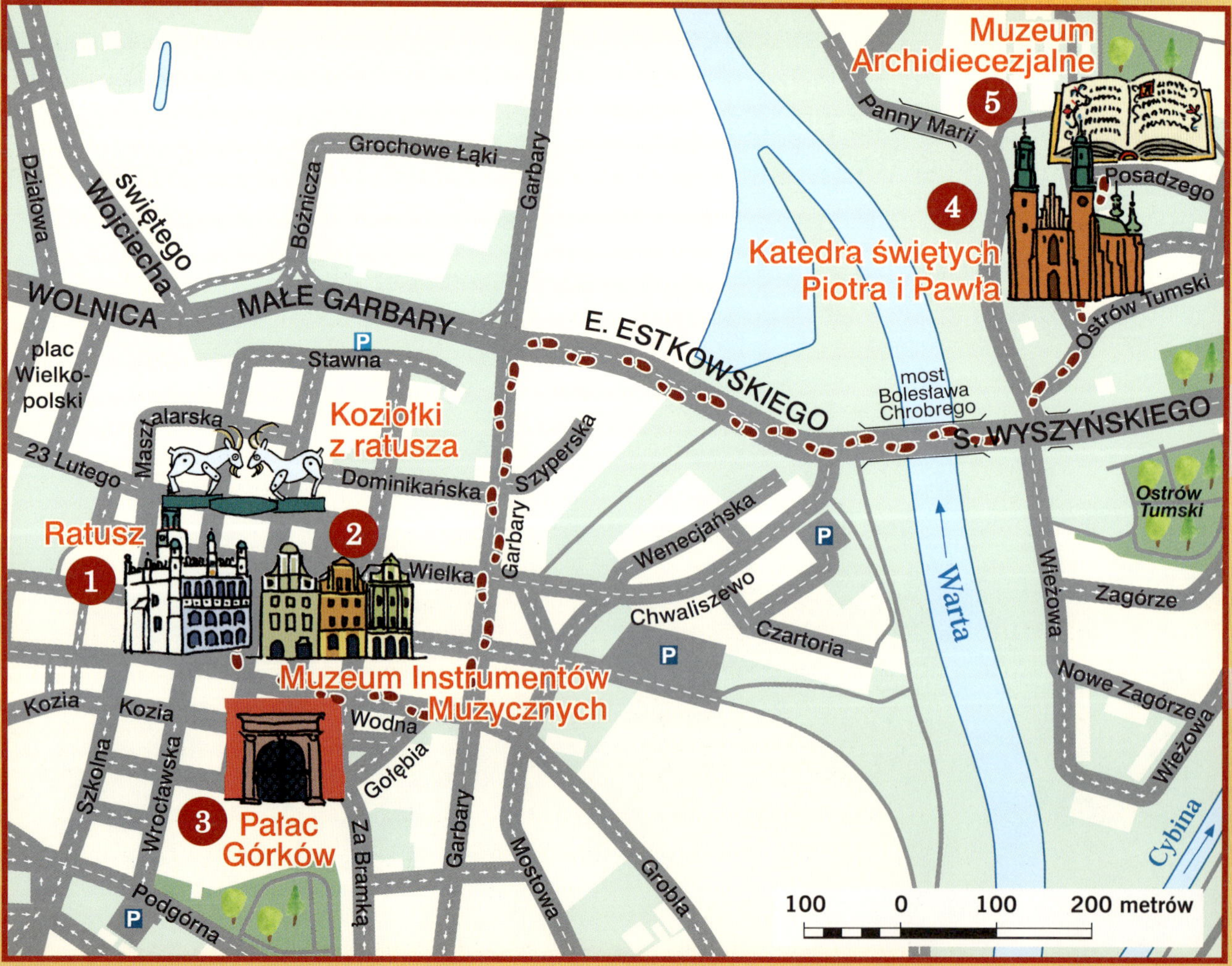

Poznański ratusz

W jednej z kamienic przy rynku ulokowano **Muzeum Instrumentów Muzycznych** 2, a w nim cenne skrzypce, pianina, harfy oraz instrumenty z różnych zakątków świata.

Fragment ekspozycji w Muzeum Instrumentów Muzycznych

Z kolei w **Pałacu Górków** 3 – przy rynku – znajduje się Muzeum Archeologiczne z egipskimi mumiami i papirusami. Na dziedzińcu pałacu ustawiono pochodzący z Egiptu olbrzymi kamienny pomnik o wysokości 3 metrów. W pobliżu znajduje się gmach dawnej szkoły, w której przed wielu laty zatrzymał się francuski cesarz i wielki wódz Napoleon. Koncertował w niej nasz najsłynniejszy kompozytor Fryderyk Chopin.

Katedra świętych Piotra i Pawła widziana z mostu Cybińskiego przerzuconego w 2007 r. przez rzekę Cybinę 4

Po przejściu Warty mostem Bolesława Chrobrego dotrzemy na wyspę Ostrów Tumski z gdzie znajduje się najstarsza część miasta. W tutejszej **katedrze świętych Piotra i Pawła** 4 pochowano pierwszych władców Polski, Mieszka I i Bolesława Chrobrego. W podziemiach katedry zachowały się najstarsze fragmenty budynku. Zobaczyć tu można także bardzo starą misę używaną podczas ceremonii chrztu.

Obok znajduje się **Muzeum Archidiecezjalne** 5, które posiada bogate zbiory sztuki kościelnej.

Wielkopolska i Kujawy

Spacerkiem po...

Toruń tylko częściowo leży na Kujawach. Jego prawobrzeżna, w tym najstarsza, część znajduje się na Pomorzu. Jest jednym z piękniejszych i starszych polskich miast. Z tego powodu znalazł się na prestiżowej liście obiektów światowego dziedzictwa UNESCO oraz uznano go za pomnik historii. Podczas pobytu w Toruniu trzeba koniecznie spróbować pysznych pierników i odwiedzić dom Mikołaja Kopernika. W nim przyszedł na świat najsłynniejszy polski astronom.
Oto proponowana trasa:

Brama Żeglarska 1 nad Wisłą, to jedna z ośmiu bram, które niegdyś prowadziły do miasta. Niedaleko od niej znajduje się najbardziej znana w Polsce **Krzywa Wieża** 2.

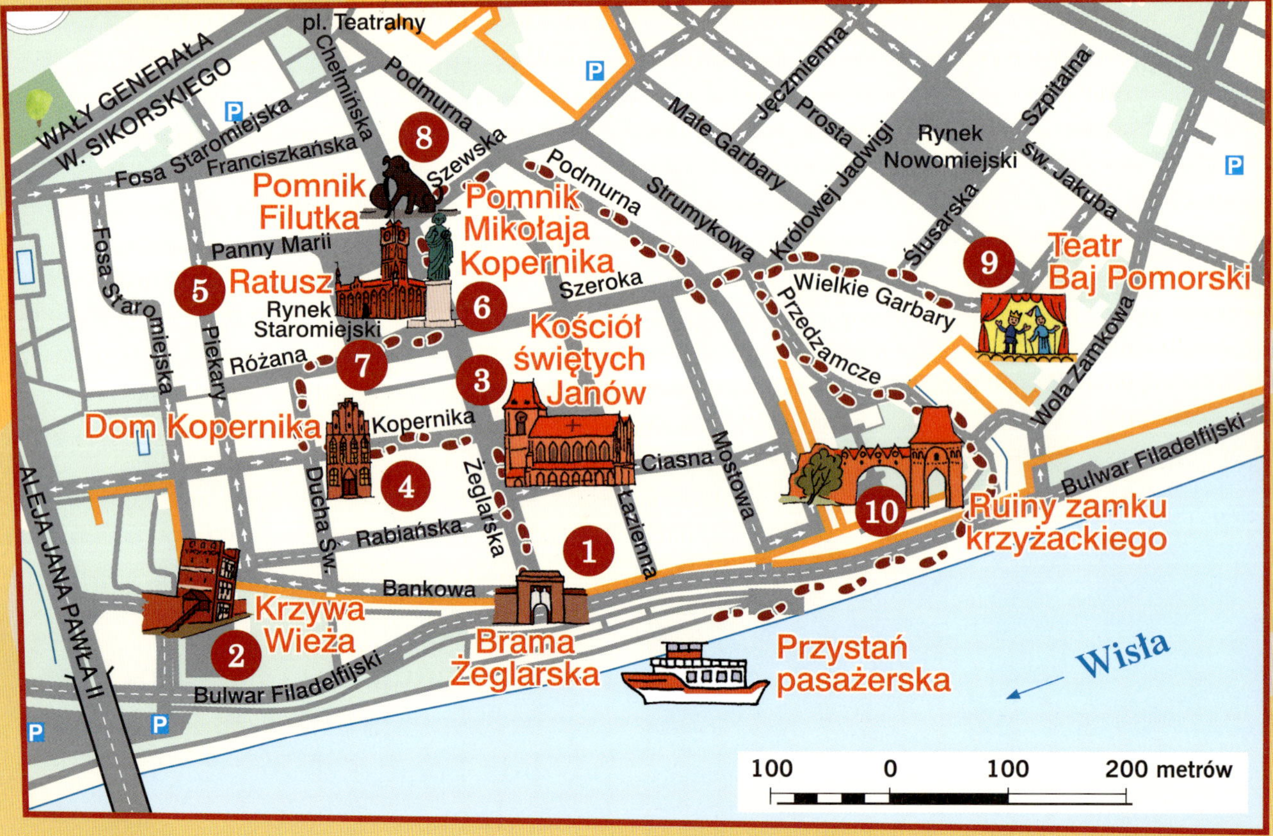

Katedra świętych Janów (3) to największy kościół w mieście. Ochrzczono w nim Mikołaja Kopernika. Na wieży umieszczono potężny dzwon zwany Trąbą Bożą ważący ponad siedem ton!

Toruński piernik

Ratusz (5) na Rynku Staromiejskim to jeden z najpiękniejszych i największych ratuszy w Europie. W nim również znajduje się muzeum. Na wystawie wyrobów rzemieślniczych, można zobaczyć drewniane formy do wypiekania słynnych toruńskich pierników liczące 400 lat.

Przed ratuszem stoi **pomnik Mikołaja Kopernika** (6). Dopiero niedawno zauważono, że astronom ma na nim wąsy. Napis na pomniku brzmi: „Mikołaj Kopernik, torunianin, ruszył Ziemię, zatrzymał Słońce i niebo”.

Dom Kopernika (4) nazwano tak dlatego, że urodził się w nim wielki astronom. Zresztą Mikołaj Kopernik jest również patronem ulicy przy której znajduje się jego rodzinny dom. Obecnie mieści się w nim muzeum.

Na rynku jest też inny pomnik – **flisaka** (7) grającego na skrzypcach. Ilustruje legendę, według której Toruń opanowały kiedyś żaby. Pewien flisak zaczarował je swoją grą na skrzypcach i w ten sposób wyprowadził z miasta.

Pomnik flisaka, który wyprowadził żaby

W pobliskim Dworze Artusa dawniej odbywała się ceremonia pasowania młodych chłopców na flisaków. Dziś jest sklep z pysznymi toruńskimi piernikami.

Przy rynku u wylotu ulic Szewskiej i Chełmińskiej stoi **pomnik Filusia** 8, małego psa profesora Filutka z czasopisma Przekrój. Piesek trzyma w zębach kapelusz profesora, a obok – oparta o latarnię – stoi parasolka profesora.

Teatr Baj Pomorski 9 mieści się w niezwykłym budynku. Wejście przypomina ogromny kredens z szufladami. Pomysł pochodzi od angielskiego pisarza C.S. Lewisa, autora cyklu książek dla dzieci *Opowieści z Narni*.

To jej bohaterowie wchodzili do baśniowej krainy przez szafę.

Zamek krzyżacki 10, a właściwie jego pozostałości, czyli piwnice, część murów na parterze i średniowieczna toaleta, czyli gdanisko znajdują się nieopodal Wisły.

Pomnik Filusia, pieska który był bohaterem zabawnych historyjek rysunkowych w *Przekroju*

Ruiny Zamku Krzyżackiego w Toruniu

Niezwykły budynek Teatru Baj

Latem z **przystani** 11 przy Bramie Klasztornej można się udać na rejs statkiem po Wiśle.

Ruiny Zamku Krzyżackiego w Toruniu

Wielkopolska i Kujawy

Legendy

O księciu Popielu

W dawnych czasach na tronie stolicy Goplan, Kruszwicy, zasiadał Popiel. Nie był to dobry władca – zabawy i pijaństwo były dla niego ważniejsze niż sprawy plemienia. Poza tym we wszystkim ulegał swojej żonie, Niemce Gerdzie, kobiecie chciwej i żądnej władzy dla dwóch synów.

Popiel zaniedbał zwyczaj zwoływania wieców, na których starsi kmiecie radzili księciu, jak postępować w najważniejszych sprawach. Bardzo się to nie podobało jego stryjom. Gerda obawiała się, że mogą uknuć spisek z kmieciami i pozbawić jej synów tronu po ojcu.

Przygotowała więc straszny plan. Powiadomiła stryjów o rzekomej ciężkiej chorobie męża i zaprosiła ich do Kruszwicy. Przybyli zebrali się przy łożu śmierci Popiela, a ten kazał przynieść kielich z miodem, aby wypić ze stryjami na pożegnanie. Udał, że wypił trochę, i podał puchar wszystkim zebranym, wiedząc, że znajduje się tam trucizna przygotowana przez Gerdę.

Stryjowie zmarli w strasznych cierpieniach, a Popiel ogłosił, że spotkała ich kara za spiskowanie przeciw niemu. Po ich śmierci nakazał ucztować i bawić się.

Jednak na tym się nie skończyło. Z ciał zabitych wylęgły się myszy. Były ich tysiące. Cała chmara ruszyła na zamek i nikt nie mógł ich powstrzymać. Popiel z rodziną uciekł łodzią na wyspę na środku jeziora Gopło, aby schronić się w stojącej tam wieży. To jednak nie powstrzymało gryzoni, które po murach dostały się na szczyt i zjadły całą rodzinę.

Do dziś w Kruszwicy stoi Mysia Wieża. I kto wie, czy myszy nie czekają, aby wymierzyć sprawiedliwość kolejnemu złemu władcy?

Piast kołodziej

Działo się to w czasach, gdy w Kruszwicy rządził znienawidzony Popiel. Niedaleko grodu mieszkał Piast z żoną Rzepichą i dziećmi.
Piast był kołodziejem – wyrabiał drewniane koła do wozów, poza tym z rodziną zajmował się skromnym gospodarstwem.
Kiedy jego najstarszy syn skończył siedem lat, urządzono postrzyżyny – stary obyczaj wprowadzania chłopca do grona mężczyzn.
Piast zaprosił z tej okazji wielu sąsiadów, ale do jego domu niespodziewanie zawitali też dwaj nieznani podróżni. Zaskoczony gospodarz powitał ich jednak serdecznie i zaprosił do stołu.
Gdy Piast pokropił swojego syna Ziemowita wodą ze źródła i przystrzygł mu włosy, jeden z podróżnych wstał i pobłogosławił chłopca, jego dom i przyszłych potomków. Potem obaj nieznajomi podziękowali za gościnę i wyszli.
Następnego dnia rozeszła się wieść, że ludzie zbierają się na wiec, aby wybrać nowego księcia, następcę Popiela. Wielu z nich po drodze do Kruszwicy zatrzymało się w gościnnym domu Piasta i Rzepichy. Gospodarz witał wszystkich, częstował jedzeniem i mlekiem. Obawiał się jednak, czy starczy dla wszystkich. Poprosił Rzepichę, aby poszła do spiżarni sprawdzić zapasy. Żona nie wierzyła własnym oczom – żywności wcale nie ubyło. Goście chwalili Piasta za gospodarność, a on tłumaczył, że to za sprawą wczorajszych nieznajomych gości. Z pewnością byli świętymi i ich błogosławieństwo przyniosło obfitość jedzenia. Zebrani ludzie spojrzeli na siebie, a najstarszy rzekł:
– Po co szukać innego księcia, skoro mamy tu człowieka, któremu bogowie błogosławią. Piast jest otoczony bożą opieką, więc będzie rządził mądrze i sprawiedliwie.
W ten sposób dobry i życzliwy ludziom Piast kołodziej objął tron w Kruszwicy.

Śląsk

gliniane naczynia
BOLESŁAWIEC
94
wydobycie złota (Złotoryja i Leszczyna)
LEGNICA
36
WOŁÓW
klasztor
A4
GÖRLITZ
ZGORZELEC
LUBAŃ
ratusz (Lwówek Śląski)
Bóbr
A4
PROCHOWICE
Odra
BRZEG DOLNY
TRZEBNICA
zamek Czocha (Sucha)
kopalnia węgla brunatnego
pole bitwy pod Legnicą
94
ŚRODA ŚLĄSKA
WROCŁAW
zapora (Pilchowice)
JAWOR
lotnisko (Wrocław--Strachowice)
LUBOMIERZ
miasto komedii filmowych
30
Kaczawa
świątynia pokoju
3
STRZEGOM
ratusz
BOGATYNIA
JELENIA GÓRA
BOLKÓW
świątynia pokoju
kamieniołom
SZKLARSKA PORĘBA
Park Kulturowy Kotliny Jeleniogórskiej
góra Ślęża
LIBEREC
Karkonoski Park Narodowy
ŚWIDNICA
ŁAGIEWNIKI
zamek (Książ)
WAŁBRZYCH
KAMIENNA GÓRA
STRZELIN
rezydencje, m.in.:
- zamek Chojnik (Sobieszów)
- pałac w Mysłakowicach
- park miniatur (Kowary)
MaB
35
podziemne miasta Gór Sowich
8
KRZESZÓW
krzywa wieża
Karkonosze Śnieżka
świątynia Wang (Karpacz)
trasa turystyczna
twierdza (Srebrna Góra)
ZĄBKOWICE ŚLĄSKIE
miasto otoczone murami
muflon (góry Karkonosze)
NOWA RUDA
Park Narodowy Gór Stołowych
znany kościół (Wambierzyce)
JIČÍN
Kaplica Czaszek (Czermna)
PACZKÓW
MLADÁ BOLESLAV
KUDOWA-ZDRÓJ
KŁODZKO
Góry Stołowe
8
kopalnia złota (Złoty Stok)
twierdza
kolejka (Kudowa-Zdrój)
uzdrowisko Duszniki-Zdrój
33
Muzeum Żaby
Nysa Kłodzka
BYSTRZYCA KŁODZKA
HRADEC KRÁLOVÉ
huta szkła kryształowego (Stronie Śląskie)
PODĚBRADY
zapałki
MIĘDZYLESIE
Śnieżnik
Łaba
KOLÍN
PARDUBICE
ŠUMPERK
C
Z
E
C
Morawa
Sazawa
SVITAVY
HAVLÍCKUV BROD
HUMPOLEC
PROŚCIEJÓW
IGŁAWA

10 0 10 20 30 40 50 kilometrów

Śląsk

Śląsk to kraina bardzo różnorodna, na którą składają się Śląsk Górny i Dolny. Ten pierwszy najbardziej kojarzy się z górnikami i kopalniami węgla kamiennego, chociaż na Dolnym Śląsku też działają kopalnie np. miedzi. W regionie znajduje się wiele miast i miasteczek, zakładów przemysłowych i na pewno nie można narzekać na brak atrakcji turystycznych. Zresztą zorganizowany ruch turystyczny w Europie narodził się właśnie tu – w Sudetach, na początku XIX wieku. Te stare góry oferują nie tylko wędrówki, skalne labirynty, podziemne trasy w jaskiniach, ale także możliwość szukania skarbów, pięknych kamieni i złota! W Sudetach i na przedgórzu Sudeckim jest tak dużo zamków, że teren ten przywodzi na myśl słynną Dolinę Loary we Francji. Stare miasta i miasteczka kryją zabytkowe kamieniczki, kościoły i pałace. Do uzdrowisk z leczniczymi wodami przyjeżdżają pensjonariusze z całej Polski.

Góra Ślęża

od A do Z

Babia Góra

Babia Góra to najwyższy szczyt w Beskidach, pasmach górskich w obrębie Karpat. Tylko w Tatrach są wyższe szczyty. Gdyby Babią Górę ustawić na brzegu morza, trzeba by się na nią wspinać aż 1725 metrów do góry. Jest wspaniałym punktem widokowym, gdyż przy dobrej pogodzie widać z niej: Tatry, góry na Słowacji a nawet odległy o 100 km Kraków. Wierzchołek szczytu, zwany Diablakiem, pokrywają duże bloki skał. Okoliczne tereny obejmuje Babiogórski Park Narodowy, który wpisano na międzynarodową listę rezerwatów biosfery UNESCO.

Będzin słynie ze starego zamku zbudowanego z kamienia z polecenia króla Kazimierza Wielkiego. W mieście zachował się też stary kościół sprzed ponad 600 lat.

Zamek w Będzinie

Bielsko-Biała to dwa połączone – w 1951 roku – miasta, dawniej ośrodki tkactwa. W nieistniejącym niestety Studiu Filmów Rysunkowych powstawały bardzo popularne filmy dla dzieci o Bolku i Lolku oraz Reksiu. Dorośli wspominają produkowane w tutejszej fabryce samochody – fiaty 126p, nazywane popularnie maluchami. W mieście są też zabytkowe kościoły i zamek. Na szczyt góry Szyndzielni dociera z Bielska-Białej kolejka gondolowa.

Pomnik Reksia w Bielsku-Białej

Bogatynia jest łatwa do odnalezienia na mapie. Leży u zbiegu granic trzech państw: Polski, Niemiec i Czech. W mieście i okolicach wydobywa się węgiel brunatny metodą odkrywkową. W ten sposób powstają wielkie dziury w ziemi, zwane wyrobiskami, a obok nich hałdy, czyli góry odpadów.

Śląsk

Bolesławieckie Święto Ceramiki

Bolesławiec to miasto słynące z ceramicznych talerzy, kubków, wazonów, garnków, a nawet beczek. Wyroby te są ręcznie zdobione i dlatego bardzo cenione w wielu krajach. W sierpniu odbywa się tu Bolesławieckie Święto Ceramiki. Ważną atrakcją jest długi kamienny most kolejowy na rzece Bóbr.

Bolków leży nad rzeką Nysą Szaloną. Ponad miasteczkiem, na skalnym urwisku góruje potężny stary zamek z wieżą w kształcie kropli. Rozciągają się z niej wspaniałe widoki na miasto i góry Sudety.

Brzeg był kiedyś stolicą śląskiego księstwa. Ślady świetności zachowały się na zamku z pięknym dziedzińcem. Na budynku bramy umieszczono 24 rzeźby Piastów, dawnych władców Śląska, w tym znanego z legend Piasta kołodzieja.

Bystrzyca Kłodzka nad Nysą Kłodzką to stare miasto pełne cennych budowli, otoczone starymi murami miejskimi. Działa tu jedyne w Polsce muzeum, w którym można obejrzeć ponad pół miliona etykiet z pudełek zapałek z całego świata oraz różne zapalniczki.

Zapalniczki z muzeum

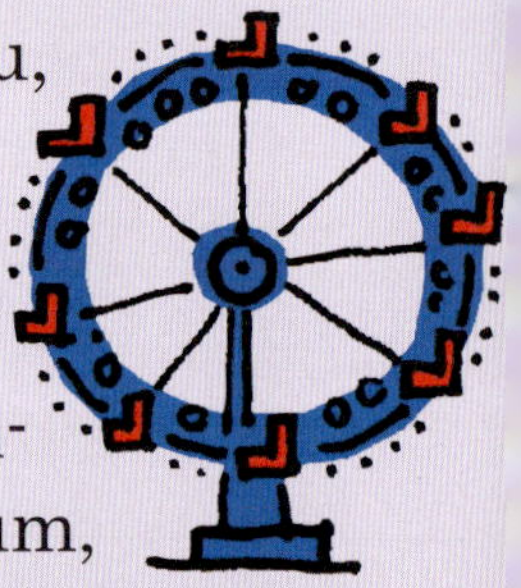

Chorzów rozsławił Wojewódzki Park Kultury i Wypoczynku, z mnóstwem atrakcji dla dzieci i dorosłych. Funkcjonują w nim: ogród zoologiczny, Dolina Dinozaurów oraz okazałe planetarium, kąpielisko i skansen. Po terenie parku można się przemieszczać napowietrzną kolejką linową lub kolejką wąskotorową.

Zamek w Brzegu – na zdjęciu widoczne są rzeźby Piastów

Cieszyn leży na granicy Polski i Czech. Miasto ma prawie 1000-letnią historię. Do dziś na Zamkowej Górze zachował się

zbudowany z kamienia stary kościół, który liczy ponad 800 lat. Ze starego zamku przetrwała wieża. Roztacza się z niej wspaniały widok na miasto i okolicę.

Częstochowa, czyli największe miasto powiatowe w Polsce, słynie z klasztoru na Jasnej Górze z cudownym obrazem Matki Boskiej. Stale przybywają do niego tłumy pielgrzymów. Zwiedzają Skarbiec i Arsenał, Salę Rycerską i Muzeum 600-lecia klasztoru.

Klasztor na Jasnej Górze

Duszniki-Zdrój są znanym uzdrowiskiem i ośrodkiem narciarskim. W młodości leczył się tu i koncertował Fryderyk Chopin. W zabytkowej papierni jest obecnie muzeum prezentujące techniki ręcznej produkcji papieru czerpanego. Obiekt jest uznany za pomnik historii.

Góra Ślęża to stary wygasły wulkan, który wznosi się ponad okoliczne tereny na pół kilometra w górę. W pobliżu wierzchołka jest schronisko oraz kościół. U podnóża, w mieście Sobótka, znajduje się Muzeum Ślężańskie z ciekawymi zbiorami znalezionymi w okolicy przez archeologów.

Góra Św. Anny

Góra Świętej Anny – pomiędzy Gliwicami a Opolem – też jest dawnym wulkanem. Wzniesiono na niej klasztor franciszkański. W głównym ołtarzu kościoła znajduje się drewniana figurka przedstawiająca świętą Annę z wnukiem – Jezusem. Obok stoi rzeźba jej córki – Marii. Pielgrzymi przybywają tu od wieków. Obok klasztoru, w dawnym kamieniołomie, urządzono amfiteatr. Całość uznano za pomnik historii.

Góry Stołowe są bardzo charakterystycznym pasmem górskim. W twardych skałach woda i wiatr wyrzeźbiły labirynty zachwycające fantastycznymi kształtami, które można podziwiać w Błędnych Skałach i w pobliżu Szczelińca – najwyższego szczytu Gór Stołowych.

Śląsk

Skała Małpolud w Górach Stołowych

Skały zabawnie nazwano: Wielbłądem, Słoniem, Wiewiórką, Małpoludem czy Fotelem Liczyrzepy. Więcej informacji znajduje się pod hasłem Park narodowy Gór Stołowych.

Jawor i Świdnica to dwa miasta, w których znajdują się niecodzienne świątynie nazwane Kościołami Pokoju. To największe w Europie drewniane budowle sakralne, które zostały wzniesione na Śląsku w połowie XVII wieku i służą protestantom. Każda z nich może pomieścić po kilka tysięcy wiernych. Ławki umieszczone na kilku poziomach przypominają widownię teatralną, zwłaszcza czasie wspaniałych koncertów organowych. Zgodę na ich budowę wydał katolicki cesarz Ferdynand III Habsburg, który poprzez dodatkowe ograniczenia chciał by nie były to kościoły okazałe. Między innymi, pozwalał na użycie jako budulca wyłącznie nietrwałych materiałów (drewna, słomy, gliny i piasku), ograniczył ich czas budowy do jednego roku, nie zgadzał się na budowę wież i umieszczanie dzwonów. Wbrew jego intencjom powstały imponujące budowle, które umieszczono na liście światowego dziedzictwa UNESCO.

Wnętrze Kościoła Pokoju w Jaworze

Jelenia Góra jest położna w centrum Kotliny Jeleniogórskiej otoczonej pasmami Sudetów. W jej różnych częściach znajdują się cztery rezydencje – dwa pałace, jeden dwór i zamek – zaliczane do Parku Kulturowego Kotliny Jeleniogórskiej uznanego za pomnik historii.

Jezioro Żywieckie znajduje się w Kotlinie Żywieckiej. To wspaniałe miejsce dla osób, które lubią otoczenie zarówno gór, jak i jezior. Przed II wojną światową na rzece Sole zbudowano trzy sztuczne zbiorniki wodne, w tym Jezioro Żywieckie.

Karkonoski Park Narodowy w Sudetach obejmuje główny grzbiet Karkonoszy oraz dwie enklawy: Górę Chojnik i Wodospad Szklarki.

Wodospad Szklarki

Pomimo znacznie mniejszych wysokości niż w Karpatach rosną tutaj gatunki roślin charakterystyczne dla Alp! Za alpejski kawałek Karkonoszy uznaje się Śnieżne Kotły – wklęsłe formy ze ścianami o wysokości 80–100 m wyżłobionymi w granicie przez lodowiec, otaczające dna wysłane wielkimi kamiennymi blokami.

Śnieżne Kotły

Najbardziej znanym szczytem jest najwyższa w Sudetach Śnieżka (1602 m n.p.m.). Turyści często odwiedzają też wodospady Szklarki i Kamieńczyka. Oprócz gatunków roślinności alpejskiej np. sasanki alpejskiej czy róży alpejskiej w parku występują także arktyczne rośliny np. zimoziół północny. Rosną tu również ponad 600-letnie porosty oraz żyją rzadko występujące gatunki zwierząt m.in. ślimak arktyczny, płochacze halne czy drozdy obrożne. W 1993 roku, wraz z podobnym parkiem po stronie czeskiej, Karkonoski Park Narodowy został uznany przez UNESCO za rezerwat o znaczeniu światowym.

Płochacz halny (*Prunella collaris*)

str. 154

Śląsk

Karkonosze to pasmo górskie w Sudetach, z najwyższym szczytem całych Sudetów – po polskiej i czeskiej stronie – Śnieżką. Granica państwowa biegnie właśnie przez Śnieżkę. W wyższych częściach Karkonoszy zachwycają skały o niecodziennych kształtach o wdzięcznych nazwach: Słoneczniki, Końskie Łby i Pielgrzymy.

Karkonosze – Końskie Łby

Turystów przyciągają też lasy, wodospady i piękne górskie jeziora jak np. Mały i Wielki Staw. Na obszarze gór zbudowano piękne domy, pałace oraz zamki zamieszkałe przez duchy. Zimą tłumnie przyjeżdżają tu narciarze.

Karpacz, urocze miasteczko leżące u podnóża Śnieżki – najwyższej góry Karkonoszy. Są w nim dwa dość oryginalne muzea: Zabawek z kilkuset lalkami mieszkającymi w specjalnych domkach oraz Sportu i Turystyki z dawnym sprzętem sportowym i narciarskim, czy też saniami rogatymi służącymi do zwożenia z gór siana i drewna.

Świątynia Wang w Karpaczu

Największa atrakcja Karpacza to świątynia Wang – najstarszy drewniany kościół na terenie Polski zbudowany ponad 700 lat temu w Norwegii. Drewniane wnętrze pokryte jest rzeźbami i tajemniczym pismem wikingów. Wikingowie byli morskimi piratami wzbudzającymi postrach wśród mieszkańców Europy już 1000 lat temu.

Katowice – największe miasto Górnośląskiego Okręgu Przemysłowego – bardziej niż z turystyką kojarzy się z wydobyciem węgla kamiennego i wielkimi hutami w okolicy. Tymczasem gmach Sejmu Śląskiego i robotnicze osiedle Nikiszowiec uznane zostały za pomniki historii.

Gmach Sejmu Śląskiego

Kluczbork, miasteczko z cennym starym kościołem i zamkiem, w którym urządzono Muzeum Pszczelarskie im. Księdza Jana Dzierżonia nazywanego księciem pszczół. Zgromadzono w nim pamiątki po księdzu, sprzęty pszczelarskie oraz kolekcję uli.

Kłodzko nad Nysą Kłodzką może być dumne ze starych kamienic, kościołów, mostów i twierdzy, której część podziemi można zwiedzać. Z miasta łatwo zorganizować wycieczkę do sudeckich uzdrowisk: Polanicy, Dusznik, Kudowy i Lądka oraz do sąsiednich Czech.

Kotlina Jeleniogórska jest obok Kłodzkiej jedną z dwóch wielkich kotlin sudeckich. Największym miastem kotliny jest oczywiście Jelenia Góra. To śródgórskie obniżenie otaczają najważniejsze pasma Sudetów: Karkonosze, Góry Izerskie, Rudawy Janowickie i Góry Kaczawskie. Na jej terenie powołano – wpisany na listę pomników historii – Park kulturowy Kotliny Jeleniogórskiej. Obejmuje ponad 20 zamków i pałaców, które należały do książąt śląskich, pruskiej rodziny królewskiej, arystokracji i szlachty polskiej, niemieckiej, czeskiej i austriackiej oraz domy tyrolskie i sanatorium w części Kowar. Wśród nich znajduje się zamek Chojnik.

Zamek Chojnik

Trwają starania o wpisanie tego parku na listę dziedzictwa UNESCO.

Kowary. W dawnej kopalni uranu służącego do produkcji bomb atomowych urządzono podziemną trasę turystyczną. Zaś na terenie byłej fabryki dywanów zorganizowano Park Miniatur, gdzie można

Kowary – Park Miniatur

podziwiać precyzyjnie wykonane modele śląskich budowli: ratuszy, zamków i kościołów. Pałace w Nowym Dworze i Ciszycy oraz obiekty sanatoryjne w jeszcze innej części Kowar – Wysokiej Łące – należą do Parku Kulturowego Kotliny Jeleniogórskiej uznanego za pomnik historii.

Silesaurus opolensis,
rekonstrukcja w Dinoparku w Krasiejowie

Krasiejów dzięki odkryciom paleontologów (naukowców badających skamieniałości w skałach) stał się znany w całej Polsce. Utworzono tu JuraPark Krasiejów a dla młodszych turystów Dinopark.

Krzeszów jest pomnikiem historii za sprawą imponującego zespołu budowli klasztornych zakonników cystersów i zakonnic cysterek.

Opactwo w Krzeszowie

Kudowa-Zdrój to stare sudeckie uzdrowisko przy granicy z Czechami, z okrągłym budynkiem pijalni wód mineralnych. To ponoć najładniejsza pijalnia na Śląsku. W mieście są dwa muzea: zabawek oraz żaby.

W Czermnej, części Kudowy, turyści zwiedzają Kaplicę Czaszek, w której zgromadzono tysiące kości i czaszek budujących ściany i sufit wokół ołtarza. W innej części Kudowy – Pstrążnej, można odwiedzić skansen oraz ruchomą szopkę z 250 drewnianymi figurkami.

Lądek-Zdrój to najstarsze uzdrowisko w Polsce o tradycjach liczących ponoć niemal 800 lat. Na rzece Białej Lądeckiej zachował się piękny kamienny most z figurą św. Jana Nepomucena.

Legnica powstała na miejscu wcześniejszego grodu. Do dziś zachował się zamek, a w kościele świętego Jana groby władców tego regionu sprzed wielu wieków. Prawie 800 lat temu pod Legnicą odbyła się wielka bitwa z Tatarami.

Wojskami polskimi dowodził Henryk II Pobożny. Na pamiątkę tego wydarzenia, na polu bitwy ufundowano klasztor, w którym osiedli benedyktyni. Obecnie działa tu również muzeum, a zespół klasztorny uznano za pomnik historii. Legnica znana jest z produkcji fortepianów i wydobycia miedzi. W mieście działa Muzeum Miedzi.

Lubomierz ma uroczy małomiasteczkowy klimat i zapewne dlatego zrobił karierę filmową. Nakręcono w nim kilka filmów, między innymi komedie *Sami swoi* oraz *Nie ma mocnych*. Ekranowych bohaterów możemy podziwiać w Muzeum Kargula i Pawlaka przy rynku, gdzie odtwarza się też stare filmy w najmniejszym kinie w Polsce z sześcioma fotelami dla widzów.

Lwówek Śląski leży w dolinie rzeki Bóbr. To niewielkie miasteczko było kiedyś stolicą małego księstwa. Rozwijało się dzięki wydobyciu złota. Obecnie turystów przyciąga malownicza okolica i liczne zabytki: ratusz na rynku, stare kościoły i mury miejskie. W mieście działa browar z podobno najstarszymi tradycjami w Polsce.

Masyw Śnieżnika to pasmo górskie w Sudetach z najwyższym szczytem – Śnieżnikiem.

Jaskinia Niedźwiedzia w Masywie Śnieżnika

Obejmuje bardzo osobliwą górę – Trójmorski Wierch. Spływające po jego zboczach wody trafiają aż do trzech różnych mórz: Bałtyckiego, Północnego i Czarnego. Największą atrakcją jest jednak Jaskinia Niedźwiedzia, w której można podziwiać zwisające z sufitu i rosnące od dołu skalne twory. Mieszkają w niej nietoperze. W pobliskich nieczynnych kamieniołomach można znaleźć ciekawe okazy skał i minerałów.

Międzybrodzie Żywieckie, wieś na stokach góry Żar, w której działa znany ośrodek szybownictwa. Góra jest też ulubionym miejscem paralotniarzy. Na szczyt można wjechać kolejką linowo-terenową. Zimą ściągają na nią narciarze.

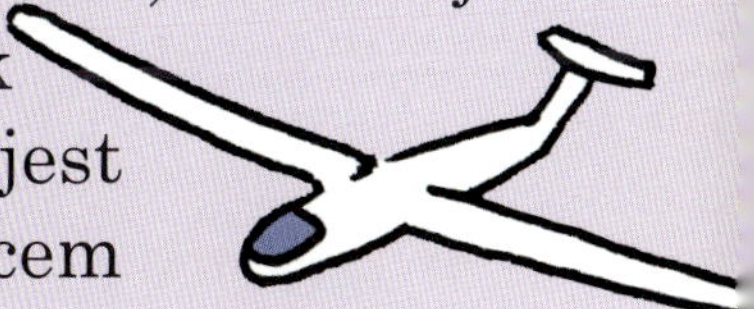

Śląsk

Mirów i Bobolice leżą na Wyżynie Krakowsko-Częstochowskiej. Kryją ruiny średniowiecznych zamków zbudowanych na wapiennych skałach, podobnie jak wszystkie inne warownie w tym rejonie. Z powodu usytuowania na niedostępnych wapiennych skałach wszystkie te zamki nazwano Orlimi Gniazdami.

Moszna słynie z niezwykłej i malowniczej rezydencji – zamku z 99 wieżami i wieżyczkami przypominającego pałace z filmów dla dzieci. Z zewnątrz zdobią go rzeźby ludzi i zwierząt, a otacza wspaniały park, w którym jest stadnina koni.

Zamek w Mosznej

Mysłakowice leżące u stóp Karkonoszy są najludniejszą wsią w Kotlinie Jeleniogórskiej. Wśród wielu zabytków, za jedne z bardziej unikatowych należy uznać śliczne góralskie domy tyrolskie, których jest tu około 50. Powstawały od połowy XIX wieku kiedy przybyli do Mysłakowic prześladowani ewangeliccy osadnicy z Tyrolu

Dom tyrolski

(to kraina na pograniczu Włoch i Austrii). Domy tyrolskie współtworzą, uznany za pomnik historii, Park Kulturowy Kotliny Jeleniogórskiej.

Nowa Ruda to miasteczko w Sudetach, w którym kiedyś wydobywano doskonałej jakości węgiel kamienny. Na terenie nieczynnej kopalni, na głębokości 750 metrów, wytyczono podziemną trasę turystyczną pokonywaną częściowo w wagoniku kolejki, a częściowo w łódkach. Wizytę w kopalni uzupełnia film o pracy górników.

Nysa jest jednym z najstarszych miast śląskich gdzie zachowało się sporo zabytków. Najważniejszym z nich jest bazylika pod wezwaniem św. Jakuba Apostoła i św. Agnieszki, którą uznano za pomnik historii. Jeszcze tuż po 2000 roku produkowano w Nysie samochody dostawcze.

Ruiny zamku w Olsztynie

Olsztyn to nie tylko duże i znane miasto na Warmii. Na Wyżynie Krakowsko-Częstochowskiej we wsi o tej samej nazwie znajdują się ruiny okazałego niegdyś zamku wzniesionego na rozkaz króla Kazimierza Wielkiego na wapiennych skałach z i nazywanego Orlim Gniazdem.

Opole rozsławił coroczny festiwal polskiej piosenki. Poza amfiteatrem dumą miasta są: 35-metrowa Wieża Piastowska i stara katedra. Warto zajrzeć do Muzeum Wsi Opolskiej, w którym zgromadzono kilkadziesiąt budynków, w tym kuźnię, karczmę, młyn wodny i dwa wiatraki.

Muzeum Wsi Opolskiej – kuźnia z 1726 r.

Otmuchów leży nad Jeziorem Otmuchowskim – sztucznym zbiornikiem na rzece Nysie Kłodzkiej. Nad starą, zabytkową częścią miasta góruje zamek wzniesiony na wzgórzu. Prowadzą do niego schody o bardzo szerokich stopniach. Pewnie dlatego nazwano je końskimi. Turystów zachwyca oryginalnie ozdobiony ratusz z wieżą i dwoma zegarami słonecznymi, stojący oczywiście na rynku.

Paczków to śliczne stare miasteczko z zabytkowym ratuszem, z wysoką wieżą, z urokliwymi kamieniczkami i wiekowymi kościołami. Miasto otaczają mury obronne wzmocnione 19 basztami i 4 bramami miejskimi. Szczególnie interesujący jest obronny kościół ze studnią we wnętrzu! W Muzeum Gazownictwa można zobaczyć unikatową gazową lokówkę do włosów.

Park Narodowy Gór Stołowych obejmuje część Gór Stołowych z najwyższymi wzniesieniami. To jedyne w Polsce góry płytowe.

str. 182

Charakterystyczne są dla nich skalne bloki z urwistymi ścianami,

Szczeliniec Wielki

pożłobionymi szczelinami tworzącymi labirynty lub wąwozy oraz pojedyncze skałki o niepowtarzalnych kształtach. Bogactwo form skalnych jest największą wartością parku. Turyści najczęściej odwiedzają Błędne Skały i Szczeliniec, na który prowadzi ponad 660 stopni wykutych w skale. Na początku XIX wieku była to pierwsza w Polsce oficjalnie wytyczona trasa turystyczna. Od 1813 roku jej twórca, Franz Pabel – sołtys wsi leżącej u stóp góry, piastował z królewskiego nadania Fryderyka Wilhelma II funkcję pierwszego w Europie przewodnika turystycznego. W parku przeważają lasy, ale za symbol roślinny regionu uchodzi pełnik europejski.

Błędne Skały, skała zwana „Okrętem"

W szczelinach skalnych mieszka 13 gatunków nietoperzy. W skałach mają gniazda ptaki. W parku żyją też płazy – salamandry oraz sztucznie wprowadzone przez człowieka muflony i daniele.

Muflon (*Ovis aries musimon*)

Pilchowice leżą nad Bobrem. Ponad sto lat temu, po wielkiej powodzi, zbudowano tu tamę o wysokości 62 metrów. Powstało wtedy sztuczne jezioro choć malowniczo otoczone zalesionymi stokami wzgórz. Nad jeziorem przerzucono najwyżej położony w Polsce most kolejowy.

W pobliskim Jerzowie Sudeckim oferowane są loty widokowe nad Karkonoszami.

Podziemne miasta Gór Sowich zbudowali Niemcy w czasie II wojny światowej. Niemcy pracowali tu podobno nad nowymi rodzajami broni oraz produkowali nowoczesne rakiety. Z siedmiu odkrytych miast można dziś zwiedzać: *Osówkę* koło Głuszycy,

Włodarz – wejście nr 4

Rzeczkę w pobliżu Walimia oraz *Włodarz*. Co jakiś czas pojawiają się plotki o znalezieniu miejsc ukrycia wielkich skarbów. W 2015 roku miały miejsce sensacyjne doniesienia o zlokalizowaniu tzw. złotego pociągu pozostawionego przez wycofujących się w popłochu Niemców i dopiero rok później zostały zdementowane.

Polanica-Zdrój – Park Zdrojowy

Polanica-Zdrój w Kotlinie Kłodzkiej jest znanym uzdrowiskiem z pięknym Domem i Parkiem Zdrojowym. Poza nimi największe atrakcje stanowią kolejka turystyczna i Diabelska Rynna z trasą zjazdową o długości 700 metrów.

Pszczyna zasłynęła jako ośrodek hodowli żubrów w czasach gdy walczono o to by całkiem nie wyginęły. W rozległym parku stoi wspaniały pałac, tak wyposażony jakby ktoś w nim nadal mieszkał. W największej, dwupiętrowej Sali Lustrzanej odbywają się koncerty. Kolejna atrakcja to skansen, w którym zgromadzono budynki i odtworzono warunki życia w dawnej wsi.

Pałac w Pszczynie

Śląsk

Sobieszów jest obecnie częścią Jeleniej Góry. Leży u stóp skalistego wzgórza Chojnik,

na którym zbudowano zamek. Dziś mieści się w nim schronisko i karczma. Góra jest enklawą Karkonoskiego Parku Narodowego, a zamek został wpisany na listę pomników historii w ramach Parku kulturowego Kotliny Jeleniogórskiej.

Srebrna Góra to małe miasteczko z twierdzą zbudowaną ponad 200 lat temu. Twierdzę uznano za pomnik historii. Poniżej w schronisku PTTK organizuje się zajęcia w ramach szkoły przetrwania obejmujące wspinaczkę, zjazdy na linie, strzelanie, penetrowanie podziemi i starych sztolni w nieczynnych kopalniach srebra.

Zamek Czocha w Suchej

Sucha. W tej małej wsi nad rzeką Kwisą znajduje się zamek Czocha, który najpierw pełnił funkcje obronne, a potem stał się rezydencją. Obecnie jest hotelem, który można zwiedzać.

Szklarska Poręba to obecnie znany ośrodek narciarski w Karkonoszach. W mieście działają dwa muzea z pięknymi okazami skał, minerałów, a także... szkieletem dinozaura i meteorytem znalezionym w Afryce. Poszukiwanie drogocennych kruszców i kamieni ma tu prawie 800-letnią tradycję, kiedy sprowadzono Walonów – górników z terenów dzisiejszej Belgii by przysporzyli bogactwa miejscowym władcom.

Twierdza Srebrna Góra

Strzelin i **Strzegom** znane są z kamieniołomów twardej skały – granitu. W Strzegomiu znajduje się bardzo okazały kościół (pod wezwaniem apostołów św. Piotra i św. Pawła), który uznano za pomnik historii.

Szczyrk leży w Beskidzie Żywieckim w Karpatach. Miasto jest prawdziwym rajem dla narciarzy m.in. z powodu największej w Polsce liczby wyciągów, ok. 40 km tras zjazdowych, skoczni narciarskich oraz tras do uprawiania biegów narciarskich.

Śnieżka – najwyższy szczyt Sudetów i Czech. Wznosi się na ponad 1600 metrów nad poziom morza. Leży na granicy pomiędzy Polską a Czechami. Na szczycie po polskiej stronie jest mała kaplica oraz obserwatorium meteorologiczne, a po czeskiej wyciąg krzesełkowy i budynek poczty.

Śnieżka – najwyższy szczyt Sudetów

Tarnowskie Góry. W mieście i okolicy wydobywano metale: cynk, ołów i srebro. Dziś niektóre dawne kopalnie mogą zwiedzać turyści. Do najefektowniejszych należy Sztolnia Czarnego Pstrąga.

Trasę pokonuje się w niej łodzią, a oświetlenie stanowią lampy karbidowe. Pod ziemią panuje temperatura niższa niż 10 stopni Celsjusza. Te wyjątkowe podziemne atrakcje wpisano na Listę Światowego Dziedzictwa UNESCO oraz uznano za pomniki historii.

Trójwieś, czyli trzy góralskie wsie w Beskidzie Śląskim: Koniaków, Jaworzynka i Istebna, słyną z artystycznych zajęć mieszkańców. Kobiety są mistrzyniami koronkarstwa i haftów. Tymi technikami wyrabiają i ozdabiają nie tylko obrusy i serwetki, ale również... majtki. Mężczyźni natomiast rzeźbią w drewnie. Piękne wyposażenie kościołów jest ich dziełem. Zupełnie odmienny i nowoczesny charakter ma inna tutejsza atrakcja – Beskidzka Ścieżka Astronomiczna.

Trzebnica to stare miasto z dużym i okazałym klasztorem dla zakonnic. Ten obiekt jest pomnikiem historii.

Sanktuarium św. Jadwigi w Trzebnicy

Śląsk

Ustroń – malowniczy górski kurort w Beskidzie Śląskim ze źródłami mineralnymi. Na szczyt Czantoria wjeżdża się wyciągiem krzesełkowym. Zimą można szaleć na nartach, a latem – przy dobrej pogodzie – można zjechać torem... saneczkowym. W Ustroniu zorganizowano też: park linowy, Leśny Park Niespodzianek, a w dawnej hucie Muzeum Kuźnictwa i Hutnictwa wystawę sprzętów używanych w kuźni.

Wałbrzych do niedawna był miastem górniczym. Obecnie zaprzestano wydobycia węgla, a w kopalniach urządzono Muzeum Przemysłu i Techniki. Wałbrzych jest za to stolicą polskiej porcelany. Do niedawna działały tu trzy duże fabryki, ale obecnie tylko jedna dobrze radzi sobie na rynku.

Zamek Książ w Wałbrzychu

W granicach miasta znajduje się wspaniały zamek Książ, trzeci co do wielkości w Polsce. Jego podziemia kryją tajemnice z czasów II wojny światowej ponoć związane z tworzeniem nowego rodzaju broni, która miała dać zwycięstwo hitlerowskim wojskom. Przy zamku jest stadnina oferująca przejażdżki konne lub bryczką.

Wambierzyce to znany ośrodek pielgrzymkowy zwany śląskim Jeruzalem. Słyną z imponującej świątyni z gigantycznymi kamiennymi schodami. Okoliczne wzgórza

Sanktuarium św. Jadwigi w Trzebnicy

i drogi kryją natomiast około 150 kaplic, figur i krzyży. We wsi można zobaczyć zabytkowe ruchome szopki z 800 figurkami wykonanymi z drewna lipowego. Aż 300 spośród nich jest ruchomych. Warto też zajrzeć do prywatnego skansenu i mini zoo zarazem. Jednych zaintrygują zgromadzone skały, minerały i sprzęty domowe, a innych daniele, dziki, strusie czy bażanty.

Wisła to miasto, z którego początek bierze największa polska rzeka – oczywiście – Wisła. Zaledwie 100 lat temu Wisła leżąca w Beskidzie Śląskim była prawie tak samo popularna jak Zakopane na Podhalu – oddalone od niej o ponad 100 km.

Bywali w Wiśle znani pisarze i politycy. Dziś wszyscy kojarzą jej najsłynniejszego mieszkańca – Adama Małysza – bardzo utytułowanego, byłego skoczka narciarskiego. Zimą oblegane są narciarskie trasy zjazdowe i biegowe oraz skocznie narciarskie. Ta w Wiśle-Malince jest imienia Adama Małysza.

Wrocław patrz strona 70

Ząbkowice Śląskie mają najbardziej krzywą wieżę w Polsce. Przy wysokości 34 metrów, odchylenie od pionu wynosi aż 2 i pół metra. Powstało około 500 lat temu za sprawą trzęsienia ziemi. Przed II wojną światową miasto nosiło nazwę Frankenstein. Pochodziła od imienia bohatera książki o szalonym naukowcu – doktorze Frankensteinie, który stworzył potwora i stracił nad nim kontrolę. W miasteczku jest Izba Pamiątek i Laboratorium doktora.

Złotoryja słynęła kiedyś z wydobycia złota. W mieście, co roku, odbywają się mistrzostwa w płukaniu złota. Można zwiedzać część dawnej kopalni oraz Muzeum Złota w Domku Kata.

Złoty Stok też słynął z wydobycia złota. W podziemnym muzeum w dawnej kopalni zgromadzono kolekcję map i planów, formy do odlewania złota oraz instrumenty i narzędzia górnicze. Prawdziwą niespodzianką jest podziemny wodospad o wysokości 8 metrów. W Leśnym Parku Przygody Skalisko czeka wiele wrażeń, m.in. w czasie kilkusetmetrowych zjazdów na linach. Tu znajduje się najdłuższa tyrolka (lina do zjeżdżania) w Polsce.

Wejście do kopalni złota

Śląsk

Spacerkiem po...

Wrocław to jedno z najstarszych miast w Polsce, rozlokowane nad Odrą i jej czterema dopływami. Leży na kilkunastu wyspach połączonych ponad setką mostów. W Europie więcej mostów i kanałów mają tylko trzy miasta: Amsterdam w Holandii, Petersburg w Rosji i Wenecja we Włoszech. Najstarszą część miasta uznano za pomnik historii, a słynną Halę Stulecia umieszczono na liście światowego dziedzictwa UNESCO. Oto proponowana trasa po wrocławskiej starówce:

Ratusz

Najważniejszym miejscem w starej części miasta jest rynek – jeden z większych w Europie. Otaczają go zabytkowe kamienice, które stoją też w centralnej części dawnego placu targowego obok **ratusza** 1. Wewnątrz okazałego ratusza mieści się Muzeum Historyczne Wrocławia.

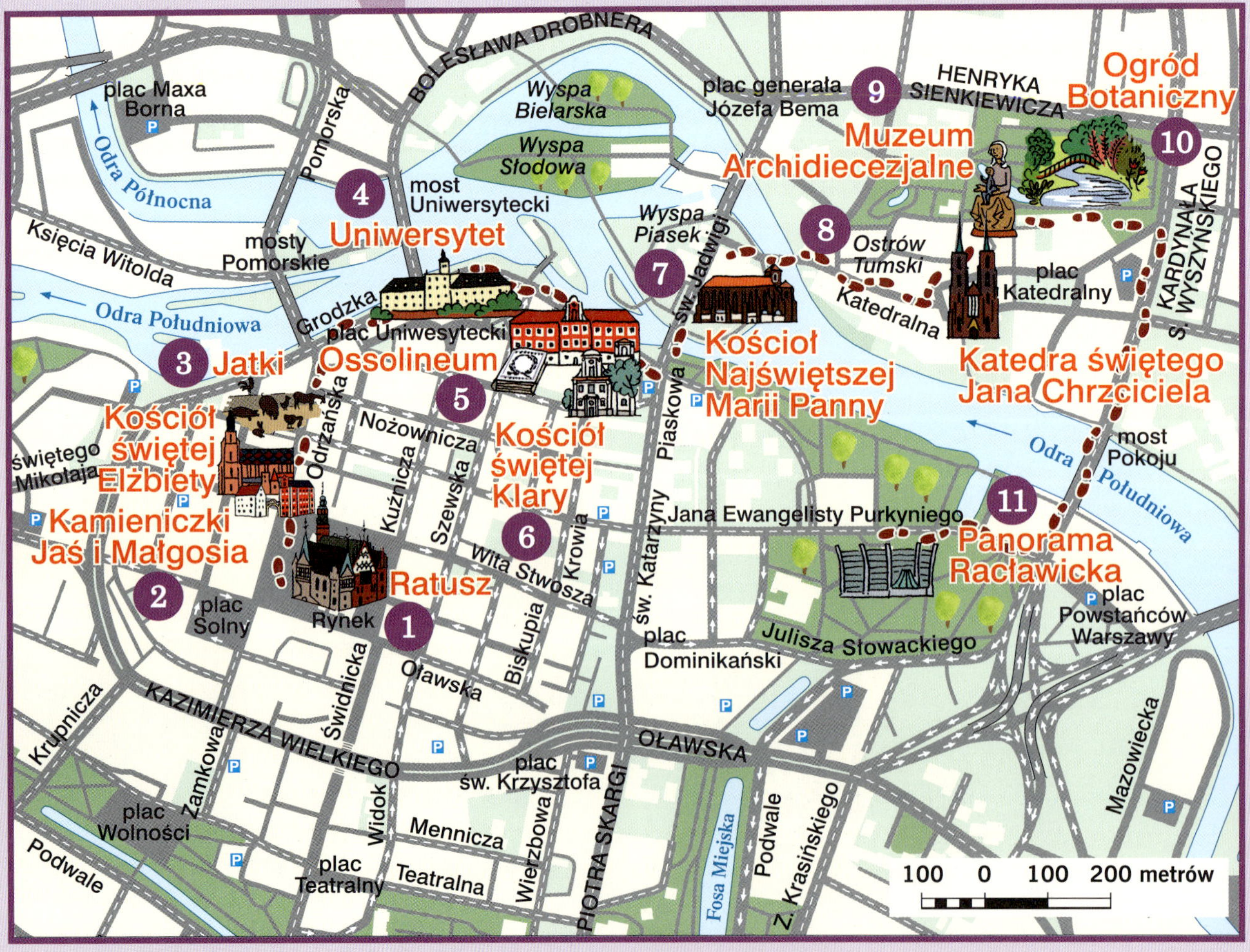

Jaś i Małgosia (2) to dwie urocze i malutkie kamieniczki przy rynku obok kościoła świętej Elżbiety – jednego z najstarszych i największych na Śląsku.

Kamienice Jaś i Małgosia

Jatki (3) to uliczka, którą zdabiają wykonane z brązu dwie świnki, kaczka, koza, gęś, królik oraz kogut. Przypominają, że dawniej w tym miejscu handlowano mięsem.

Uniwersytet Wrocławski (4), a właściwie jego najstarsze budynki stoją tuż nad samą Odrą. Najbardziej znana i bogato zdobiona jest Sala Leopoldyńska.

Sala Leopoldyńska – Uniwersytet Wrocławski

Wrocławskie Ossolineum

Gmach Ossolineum (5) mieści bezcenne pamiątki – ręcznie pisane dzieła najbardziej znanych polskich pisarzy i poetów: Mickiewicza, Fredry, Sienkiewicza, Żeromskiego i Reymonta.

Krasnal Ossolinek w Zaułku Ossolińskim przy barierce od ul. Grodzkiej

Kościół świętej Klary (6) warto odwiedzić gdyż wewnątrz znajdują się groby władców Śląska z rodu Piastów Śląskich.

Wyspa Piasek. Zbudowano na niej wielki kościół Najświętszej Marii Panny (7) a wewnątrz znajduje się imponująca, ruchoma szopka przyciągająca turystów przez cały rok.

Ostrów Tumski (8) to wyspa, na której znajduje się najstarsza część Wrocławia. Stoi tu gotycka katedra świętego Jana Chrzciciela. Jej ołtarz przypomina krakowski ołtarz Wita Stwosza.

Śląsk

Z wieży kościoła w pogodne dni widać nawet Śnieżkę.

Krasnal Botanik na ul. Sienkiewicza we Wrocławskim Ogrodzie Botanicznym

Wystawa muzeum przyrodniczego przy ogrodzie obejmuje: szkielet wieloryba, wypchane okazy zwierząt, owady, muszle i inne ciekawe przedmioty.

Katedra św. Jana Chrzciciela na Ostrowie Tumskim

Panorama Racławicka 11 to jedna z największych atrakcji Wrocławia. Gigantyczny obraz ma długość 114 metrów i 15 metrów wysokości. Przedstawia zwycięską bitwę wojsk polskich dowodzonych przez Tadeusza Kościuszkę nad armią rosyjską pod miejscowością Racławice. Dzieło można oglądać w specjalnie w tym celu wybudowanym okrągłym budynku. Pomysłodawcą namalowania tego obrazu był malarz Jan Styka. Ogromny obraz powstał ponad 100 lat temu we Lwowie.

Muzeum Archidiecezjalne 9 udostępnia zwiedzającym wyjątkowe eksponaty, takie jak egipskie mumie, najstarszy polski dzwon, który ma prawie 700 lat, *Księgę henrykowską*, czyli książkę z pierwszym zdaniem zapisanym po polsku.

Ogród Botaniczny 10 warto odwiedzić w ciepłej porze roku. Ptasie koncerty wśród starych drzew, rzadkich gatunków krzewów i kwiatów najintensywniej brzmią późną wiosną.

Budynek w którym mieści się Panorama Racławicka

Wrocławskie krasnale (12).
Już sto kilkadziesiąt lat temu znana pisarka dla dzieci – Maria Konopnicka pisała: „bo czy chcecie, czy nie chcecie, krasnoludki są na świecie”. I we Wrocławiu bardzo łatwo je znaleźć na Rynku, na Wyspie Słodowej, na Placu Grunwaldzkim i w wielu innych miejscach. Mają przeróżne imiona takie jak: Papa Krasnal – najstarszy z krasnali, Więziennik z ulicy Więzienniczej, Kinoman mieszkający w pobliżu kina Helios, Grajek i Meloman z ulicy Oławskiej czy Ossolinek i Życzliwek. Na ulicy Świdnickiej są nawet krasnale głuchoniemy i niewidomy.
Aż trudno uwierzyć, że pierwszy skrzat pojawił się dopiero w 2001 r. i upamiętniał ruch opozycyjno-artystyczny Pomarańczowa Alternatywa wymierzony przeciwko komunistycznym władzom z lat 80-tych XX w. Obecnie na wrocławskich ulicach mieszka blisko 300 skrzatów i dlatego Wrocław nazywany jest miastem krasnali.

Krasnal Więziennik na ul. Więziennej

Krasnal Pierożnik na ul. Kuźniczej przy wejściu do restauracji STP

Krasnal Grajek i Meloman na ul. Oławskiej

Śląsk

Legendy

Jak kowal odkrył węgiel

Pewien kowal był tak biedny, że musiał chodzić po pastwiskach i zbierać niedopalone resztki drewna z pasterskich ognisk. Jednego dnia dość długo szukał podpałki. W końcu zrobiło się ciemno i nie widział dokładnie, co wkłada do worka. Po powrocie do domu wysypał wszystko w kuźni, a następnego dnia rozniecił ogień. Zdziwiło go, że tym razem pali się jaśniej i dłużej niż zwykle. Pogrzebał w palenisku i zobaczył kamyczki, które żarzyły się znacznie mocniej niż reszta. Wybrał ich więc jeszcze trochę z przyniesionych wczorajszego wieczora materiałów i wrzucił do ognia. Płonęły silnym jasnym płomieniem, więc uradowany kowal szybko wybrał się tam, gdzie wcześniej zbierał opał. Tym razem włożył do worka tyle kamieni, ile tylko zdołał unieść. Od tej pory codziennie chodził w znajome miejsce, aby zbierać cudowne kamienie.
Nie wiedział jednak, że przynosi do domu węgiel. Nigdy nie chodził do szkoły, więc nie zdawał sobie sprawy, że taki surowiec istnieje na ziemi. Dopiero nauczyciel, który przechodził pewnego dnia obok kuźni, uświadomił mu, jak cenne jest jego znalezisko. Poprosił też kowala, aby wskazał miejsce, gdzie można znaleźć węgiel. Wiadomości szybko się rozeszły i krajobraz wokół wioski zaczął się znacznie zmieniać. Wybudowano szyby, aby górnicy mogli wydobywać spod ziemi cenny surowiec. Na miejscu przypadkowo odkrytym przez skromnego kowala powstało ostrowsko-karwińskie zagłębie węglowe.

Jak utopiec ratował Opole

Utopce to stworzenia podobne do człowieka, ale szpetne, małe, zielone, z wyłupiastymi oczami i włosami przypominającymi sitowie lub kępy trawy wodnej. Są uciążliwe, uwielbiają straszyć ludzi i robić szkody. Jednak utopiec, który zbudował swój dom w głębokich wodach Odry, był zupełnie inny. Często wychodził na brzeg, aby popatrzeć na ludzi i spłatać im jakiegoś figla. Szkodził jednak tym, których zachowania mu się nie podobały. Pijanych wyprowadzał na bagna, a kradzione zboże lub drewno zatapiał w rzece. Dobrych ludzi zostawiał w spokoju.

Tym bardziej że lubił Opole i kiedy tylko mógł, wychodził, aby powędrować ulicami miasta, posłuchać gwaru i przyjrzeć się tłumom na targowisku. Lubił również nocne spacery, kiedy wszystko wokół było pogrążone we śnie, a gdzieniegdzie paliły się światełka. Zwykle otaczał się mgłą, aby nikt z mieszkańców go nie rozpoznał. Któryś z nich mógłby się bowiem wystraszyć i narobić hałasu.

Jednej nocy, gdy utopiec przesiadywał na brzegu rzeki, nadciągnęła silna burza. Pioruny jeden za drugim biły w miasto, wywołując pożary, tak że po chwili było widać rozciągającą się szeroko czerwoną łunę. Przerażony utopiec stwierdził, że miasto się pali. Postanowił działać, aby zapobiec katastrofie. Wezwał na ratunek chmury i na palące się domy spadła obfita ulewa.

To jednak nie wystarczyło, więc zawołał Odrę, aby wystąpiła z brzegów i pokonała płomienie. Woda ostatecznie ugasiła ogień. Utopiec był szczęśliwy, że udało mu się uratować ukochane miasto, a ludzie mówili, że dopóki z nimi jest, nic im nie grozi. Obecnie jednak nic nie wiadomo na jego temat. Może wam się uda go odnaleźć?

Zielona żabka w kopalni

Stary górnik Wałoszek schodził codziennie po drabinie do kopalni i wydobywał węgiel. Ładował go potem na taczki, wiózł pod szyb i wsypywał wszystko do drewnianej skrzyni, którą inni górnicy wyciągali na powierzchnię. Tak mijały lata, a dni były tak podobne do siebie, że Wałoszek nawet nie zdawał sobie sprawy z upływu czasu.

Pewnego razu jednak bardzo się zdziwił, bo ujrzał zieloną żabkę, siedzącą na grudzie węgla. Wałoszek uśmiechnął się, bo spodobało mu się towarzystwo zwierzątka. Zrobił sobie przerwę, wyjął kromkę suchego chleba i zaczął jeść. Żabka otwierała i zamykała pyszczek, więc stary się domyślił, że jest głodna. Górnik zebrał okruszki i nakarmił żabkę. Pod koniec pracy ładował węgiel na taczki, a żabka cały czas mu towarzyszyła.

W pewnym momencie skoczyła mu na piersi tak niespodziewanie, że przerażony Wałoszek zatoczył się i oparł o ścianę. W tym momencie zawaliły się słupy podtrzymujące strop w miejscu, gdzie przed chwilą stał górnik. Posypał się gruz i Wałoszek uświadomił sobie, że gdyby nie żabka, już by nie żył. Rozejrzał się wokół, bo chciał jej podziękować, ale żabka zniknęła. Gdy górnik wyszedł na powierzchnię, opowiedział kolegom, co mu się przydarzyło. Ci zgodnie stwierdzili, że Wałoszkowi uratował życie duch kopalni, Skarbnik, zwany też Pusteckim.

Warmia i Mazury

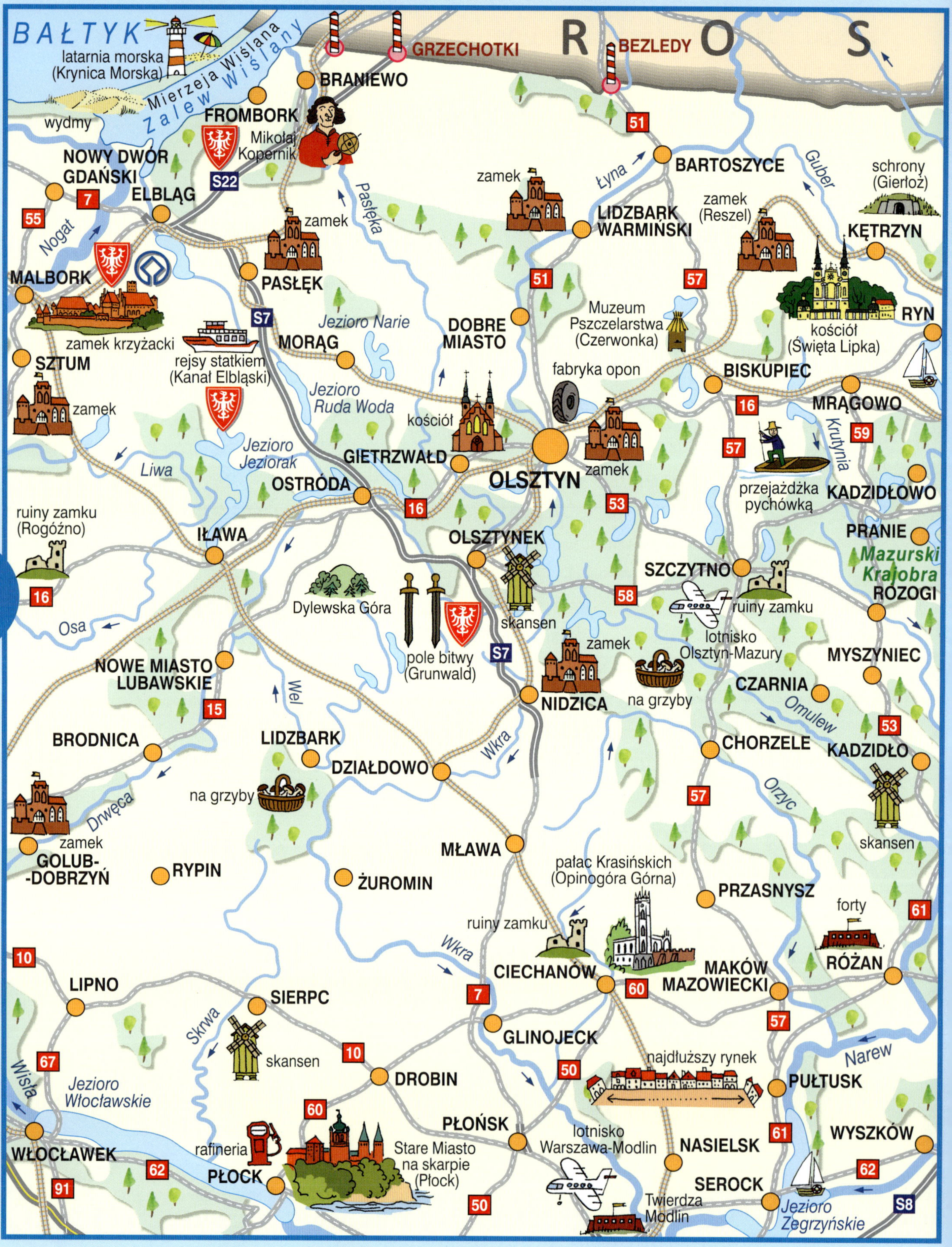

10 0 10 20 30 40 50 kilometrów

Warmia i Mazury

Mazury, czyli Kraina Tysiąca Jezior ściąga turystów jak magnes. Lasy pełne są jagód i grzybów, na niewielkich niezamieszkałych wysepkach żyją wielkie kolonie kormoranów, a w wodach dwóch największych polskich jezior – Śniardw i Mamr przeglądają się żaglówki i motorówki. Latem to prawdziwy raj dla żeglarzy, kajakarzy i wędkarzy, a zimą – amatorów jazdy na bojerach, nartach i sankach.

Urocza **Warmia**, choć cichsza i spokojniejsza, zaprasza podobnie jak Mazury, miłośników tajemniczych zamków, urokliwych małych miasteczek czy wsi ze starymi kościołami, pałacami i domami pokrytymi czerwoną dachówką. A Suwalszczyzna ściąga ludzi pragnących wyciszenia, kontaktu z niemal nieskażoną przyrodą i doceniających kulturę innych narodów.

Puszcza Piska

Jezioro Bełdany w Mazurskim Parku Krajobrazowym

Batalion

od A do Z

Augustów położony nad Kanałem Augustowskim i siedmioma jeziorami w Puszczy Augustowskiej, znany jest miłośnikom sportów wodnych. Uruchomiono tu pierwszy w Polsce wyciąg do jazdy na nartach wodnych. W pobliżu przepływa Klonownica – najkrótsza rzeka świata wpisana do księgi rekordów Guinessa.

Białystok. Kiedyś w mieście było dużo fabryk produkujących materiały i sukna. Najcenniejszym zabytkiem stolicy Podlasia jest pałac Branickich nazywany Wersalem Północy. Obecnie miasto jest ważnym węzłem drogowym i kolejowym, przez który przebiegają trasy prowadzące do krajów Europy północno-wschodniej.

Pałac Branickich w Białymstoku to najbardziej znany obiekt w mieście

Biebrzański Park Narodowy jest największy w Polsce. Chroni Bagna Biebrzańskie w dolinie rzeki Biebrzy, która podczas wiosennych roztopów ma nawet kilka kilometrów szerokości i zmienia swoje koryto. Dostatek wody zapewnia dobre warunki roślinom wodnym, bagiennym i torfowiskowym. Torf powstaje tu od tysięcy lat. Z powodu szczególnych wartości przyrodniczych dla ptaków Bagna Biebrzańskie objęto również międzynarodową ochroną. Na ich obszarze zakłada bowiem gniazda około 180 gatunków ptaków, a dla dalszych 90 gatunków to ważny przystanek w czasie przelotów. Wiosną można tu spotkać odpoczywające i żerujące stada liczące często po kilkaset osobników. W podziemnych schronach i twierdzach zimują nietoperze. Symbolem parku jest znany z barwnego upierzenia ptak – batalion. Obok ptaków w parku żyją m.in. bobry, wilki, wydry, gronostaje i łosie.

Rozlewiska Biebrzy w okolicach Brzostowa

str. 160

Warmia i Mazury

Po II wojnie światowej jedynie tutaj przetrwały w Polsce łosie. Nadal biebrzańska ostoja, licząca ok. 650 osobników, jest największa w kraju.

Łoś (*Alces alces*)

Bohoniki – niezwykła miejscowość na Podlasiu, pomnik historii. Potomkowie Tatarów mają tu swoją świątynię zwieńczoną półksiężycem, zwaną meczetem.

Wnętrze meczetu w Bohonikach

Czarna Hańcza, malownicza rzeka przepływająca przez jezioro Wigry – popularny szlak kajakowy.

Czerwonka. W Muzeum Pszczelarstwa i Dawnego Sprzętu Rolniczego zgromadzono ule w formie wiatraków i domków.

Dylewska Góra, najwyższe wzniesienie w tej części Polski.

Ełk, miasteczko dawniej zamieszkałe przez Mazurów. Przyciąga turystów zabytkową parowozownią, a trasa turystycznego pociągu kolei wąskotorowej Ełk–Sypitki ma długość 30 km.

Frombork, miasto astronoma Mikołaja Kopernika z planetarium urządzonym w wieży zabytkowej wspaniałej katedry. Świątynia, w której pochowano wielkiego uczonego to pomnik historii.

Katedra we Fromborku z grobem Kopernika. W oddali Zalew Wiślany.

Gierłoż. We wsi zbudowano tzw. Wilczy Szaniec, czyli schrony dla Adolfa Hitlera – człowieka, który wywołał II wojnę światową.

Gietrzwałd. Wiele lat temu, w drugiej połowie XIX wieku, dwóm tutejszym dziewczynkom ukazała się Matka Boska. Kościół w Gietrzwałdzie stał się sanktuarium z cudownym obrazem, do którego przybywają pielgrzymi.

Giżycko patrz str. 90

Golub-Dobrzyń. W zamku krzyżackim miejscowe bractwo rycerskie organizuje turnieje rycerskie, widowiska i bale kostiumowe.

Działo na tle zamku

Gołdap, miejscowość na Suwalszczyźnie. Na Gołdapskiej Górze jest wyciąg krzesełkowy oraz narciarskie trasy zjazdowe i tor saneczkowy. Poza terenami górskimi, sezon na sporty zimowe trwa tutaj najdłużej w Polsce.

Grunwald to miejsce, w którym ponad sześć wieków temu rozegrała się wielka bitwa. 15 lipca 1410 roku wojska polskie, litewskie i ruskie pokonały pod Grunwaldem armię zakonu krzyżackiego. Co roku w rocznicę

Inscenizacja bitwy pod Grunwaldem

bitwy wiele tysięcy rycerzy z całej Europy odtwarza te wydarzenia, a miejsce uznano za pomnik historii.

Jezioro Łuknajno stanowi rezerwat na terenie Mazurskiego Parku Krajobrazowego utworzony dla zachowania jednej z największych w Europie kolonii łabędzia niemego. Ze względu na swoją wyjątkową wartość został objęty ochroną międzynarodową m.in. jako rezerwat biosfery UNESCO.

Warmia i Mazury

Kadzidło, w niewielkim skansenie na skraju wsi można zwiedzić zagrodę, w której kiedyś mieszkali Kurpie. Zachowano w niej dawne meble, sprzęty i narzędzia gospodarskie.

Kruszyniany. We wsi jest meczet – tatarska świątynia zwieńczona półksiężycem oraz tatarski cmentarz, czyli mizar. Wraz z meczetem w Bohonikach meczet w Kruszynianach uznano za pomnik historii.

Meczet w Kruszynianach

Kanał Augustowski, popularny szlak turystyczny, liczy prawie 200 lat i nigdy nie został skończony gdyż w 1831 roku budowę przerwało powstanie listopadowe. Ta sztucznie przekopana droga wodna łączyła Wisłę z Bałtykiem przez rzekę Niemen. Część kanału znajduje się w granicach Białorusi. Obiekt jest pomnikiem historii, a ubiega się też o wpis na listę światowego dziedzictwa UNESCO.

Kanał Elbląski, najdłuższy kanał w Polsce i atrakcyjna droga wodna dla turystów. Tylko tu zastosowano takie rozwiązania, że niektóre odcinki trasy statki pokonują po lądzie! Z tego powodu uznano go za pomnik historii.

Kanał Elbląski

Krutynia, urocza rzeka, bardzo popularna wśród kajakarzy. Pływają po niej tradycyjne łodzie tzw. pychówki poruszane przez odpychanie od dna wielkim drągiem, zwanym pychem.

Krynica Morska, niewielkie ale popularne letniskowe miasto nad Bałtykiem z latarnią morską.

Zamek w Lidzbarku Warmińskim

Lidzbark Warmiński. Zabytkowe miasto z zamkiem biskupów warmińskich, murami obronnymi i wieloma starymi kościołami. Dzięki walorom obronnym, zamek kilka razy skutecznie odpierał krzyżackie ataki na okolicę.

Łyse, kurpiowska wieś znana z konkursu na najpiękniejszą palmę wielkanocną. Co roku dzieci i dorośli wykonują z kolorowych bibułek tysiące kwiatów, które umieszczają na długich drągach. Najwyższe palmy osiągają ponad 10 metrów wysokości.

Palmy wielkanocne – Łyse

Mazurski Park Krajobrazowy jest jednym z największych parków krajobrazowych w Polsce. Obejmuje tereny niezwykle malownicze obfitujące w jeziora, w tym największe w Polsce – Śniardwy. W parku jest wiele pagórków, często porośniętych przez lasy m.in. Puszczę Piską. Są też urokliwe rzeki np. Krutynia – popularna zwłaszcza wśród kajakarzy.

Spływ rzeką Krutynią

Na obszarze parku utworzono 10 rezerwatów – z rezerwatem biosfery UNESCO w okolicach Jeziora Łuknajno na czele. Region ma też bogatą przeszłość związaną z ludźmi różnych kultur, religii i narodowości. Jest wielu zwolenników by Mazurski Park Krajobrazowy przekształcić w narodowy.

Mierzeja Wiślana to półwysep, który oddziela Zalew Wiślany od otwartego Bałtyku. Na mierzei znajdują się piękne, piaszczyste wydmy i plaże, na których można znaleźć bursztyn, zwłaszcza tuż po sztormie. Na półwyspie żyje wiele gatunków ptaków więc powołano rezerwaty by je chronić.

Warmia i Mazury

Mikołajki, popularne wśród żeglarzy i wodniaków miasteczko portowe usytuowane pomiędzy Jeziorem Mikołajskim i Tałty.

Port jachtowy w Mikołajkach

Mrągowo położone nad jeziorami Czos i Juno znane jest nie tylko z ośrodków sportów wodnych. W lipcu odbywa się tu Piknik Country przyciągający tłumy fanów tej muzyki.

Narwiański Park Narodowy obejmuje system rzeczny Narwi – nieczęsto występującej na świecie rzeki warkoczowej. Płynie ona równocześnie wieloma stałymi równorzędnymi korytami rozdzielonymi wyspami porośniętymi trwałą roślinnością. Część wód nie przemieszcza się siecią widocznych korytarzy, lecz przepływa pod zwartymi masami szuwarów zasłaniających podziemne strumienie. Ten typ rzeki reprezentuje też Amazonka stąd dorzecze Narwi nazywa się polską Amazonią. Dominuje w nim roślinność bagienna. Obszar jest jedną z ważniejszych ostoi ptaków lęgowych o randze europejskiej. Wiele gatunków ptaków tylko tędy przelatuje. W sumie naliczono ich ponad 200, z czego 28 należy do zagrożonych, m.in. bielik, derkacz i wodniczka. „Bagienna Dolina Narwi" jest Obszarem Specjalnej Ochrony Ptaków. Po parku najlepiej poruszać się kajakiem lub tradycyjną wąską łódką pychówką, gdyż mogą one wpływać w nawet bardzo wąskie koryta rzeki, pomiędzy szuwary. Najwięcej wrażeń jest wiosną w czasie ptasich lęgów.

str. 164

Derkacz (*Crex crex*)

Wodniczka (*Acrocephalus paludicola*)

Rozlewiska Narwi

Zamek w Nidzicy

Nidzica. W mieście jest zamek krzyżacki wzniesiony ponad sześć wieków temu.

Nowogród nad Narwią szczyci się jednym z najstarszych skansenów w Polsce. Są w nim kurpiowskie domy, spichrze na zboże, wiatraki, młyn wodny i kuźnia.

Olsztyn to największe miasto i stolica Warmii, kojarzona obecnie jako siedziba fabryki opon. Na wzgórzu nad Łyną stoi zamek biskupów warmińskich, którym zarządzał słynny astronom Mikołaj Kopernik.

Olsztynek. W niewielkim mieście zorganizowano skansen wsi mazurskiej i zgromadzono drewniane domy, kościół, młyny wodne, kuźnię, olejarnię i wiatraki.

Osowiec to osada nad Biebrzą, która jest siedzibą Biebrzańskiego Parku Narodowego. Pod koniec XIX wieku wzniesiono w niej nadgraniczną twierdzę rosyjską, w której obecnie zimują nietoperze.

Twierdza Osowiec

Pasłęk to miasto z zamkiem krzyżackim, przebudowanym na rezydencję. Zachował się tu najdłuższy ciąg dawnych murów obronnych z basztami i trzema bramami.

Bocian biały (*Ciconia ciconia*)

Pentowo koło Tykocina nosi tytuł Europejskiej Wioski Bocianiej. Prawo do tego miana ma tylko jedna wieś w każdym kraju. Bociany obserwuje się z wysokich wież.

Warmia i Mazury

Popielno w centrum Puszczy Piskiej słynie z hodowli koników polskich wywodzących się bezpośrednio od dziko żyjących koni – tarpanów.

Koniki polskie

Puszcza Augustowska jest jedną z największych w Polsce. Rosną w niej potężne sosny i świerki, zaś w runie dorodne jagody i pachnące poziomki. W lesie spotkać można sarny, jelenie, łosie i dziki, głuszce, cietrzewie, lisy, kuny i łasice. Przez puszczę krętym biegiem przepływa rzeka Czarna Hańcza.

Szlak kajakowy Czarna Hańcza

Puszcza Piska nazywana też Wielką Knieją otacza wody największego jeziora – Śniardwy oraz jezior Bełdany, Nidzkiego i wielu innych. Niedostępne tereny, czyli bagna, zarastające jeziora, wyspy porośnięte potężnymi drzewami są ostoją ptaków wodnych i brodzących. Puszczę Piską często odwiedzają żeglarze, kajakarze, wędkarze i grzybiarze.

Rapa to wieś z tajemniczą i nietypową budowlą w kształcie piramidy. Rodzinny grobowiec Fahrenheidów zbudowano ponad 200 lat temu.

Piramida w Rapie

Reszel, urocze miasteczko z doskonale zachowanym zamkiem biskupów warmińskich i starym ceglanym mostem.

Rogóźno kryje ruiny jednego z największych zamków krzyżackich. W czasach świetności miał 22 wieże i 7 bram.

Różan, miejscowość nad Narwią, w której na początku XX wieku Rosjanie wznieśli fortyfikacje.

Ryn pięknie położony nad dwoma jeziorami – Ryńskim i Ołów – to wspaniała baza dla żeglarzy. W centrum miasta są pozostałości zamku krzyżackiego sprzed ponad sześciu wieków, w którym mieści się klimatyczny hotel.

Stańczyki słyną z wysokich wiaduktów kolejowych

Stańczyki. W tej suwalskiej wsi zbudowano niemal najwyższe w Polsce mosty kolejowe o wysokości 36 metrów. Były wykorzystywane tylko przez 18 lat. Tory rozebrali żołnierze Armii Czerwonej w 1945 roku.

Suwalski Park Krajobrazowy to pierwszy powołany w Polsce park krajobrazowy. Wspaniały krajobraz tworzą jeziora położone wśród wzgórz, zalesionych lub porośniętych trawami. Najbardziej znane obiekty przyrodnicze to Góra Cisowa koło Gulbieniszek, Góra Zamkowa nad jeziorem Szurpiły, szmaragdowe jezioro Jaczno, jezioro Hańcza – najgłębsze w Polsce czy wreszcie olbrzymie głazy w Bachanowie, Łopuchowie i Rutce. Inne atrakcje stanowią urokliwe wsie np. Wodziłki z drewnianymi chatami i domem modlitwy wyznawców prawosławia.

Bobry czują się bardzo dobrze wszędzie tam, gdzie jest dużo czystej wody.

Słynny reżyser Andrzej Wajda kręcił w okolicach Smolnik sceny do filmu *Pan Tadeusz*, który był ekranizacją najsłynniejszego polskiego poematu Adama Mickiewicza o tym samym tytule.

Głazowisko Bachanowo

Warmia i Mazury

Szczytno to miejscowość z ruinami zamku krzyżackiego i fragmentami obronnych murów. Okazałą basztę nazwano Wieżą Juranda.

Pozostałości zamku w Szczytnie

Sztum. W zamku krzyżackim organizowane są imprezy rycerskie. Sztum jest także stolicą polskich Indian – tu mieszka wielki szaman i działa muzeum indiańskie.

Święta Lipka nazywana jest Częstochową Północy. Tutejsze kościół i klasztor to najważniejsze miejsce pielgrzymek w całej północnej Polsce. W kościele można usłyszeć słynne organy ozdobione ruchomymi figurkami.

Tykocin, urocze podlaskie miasteczko nad Narwią. Przed II wojną światową mieszkało w nim wielu Żydów. Obecnie w dawnej synagodze (żydowska świątynia) mieści się muzeum kultury żydowskiej.

Węgorzewo. Port żeglarski ściąga nad jezioro Mamry wielu wodniaków, którzy mogą także obejrzeć w mieście zamek krzyżacki i inne zabytki.

Wigierski Park Narodowy znajduje się na Suwalszczyźnie, obszarze o najbardziej surowym klimacie w Polsce. Tutaj w lasach rośnie północna odmiana świerka; brak natomiast wielu gatunków

str. 156

Jezioro Wigry

drzew rozpowszechnionych w Polsce takich jak buk, jawor, lipa, jodła, dąb. Krajobraz północnej części parku jest pagórkowaty, a południowej płaski z rozległymi połaciami Puszczy Augustowskiej.

Jezioro Wigry niedaleko miejscowości Stary Folwark

Największym bogactwem parku są wody. Żyją w nich 32 gatunki ryb, w tym wiele cennych, m.in. sieje, sielawy, sumy i trocie jeziorowe. W parku chroni się aż 289 gatunków zwierząt. W herbie występuje bóbr. Jezioro Wigry, od którego wywodzi się nazwa parku, jest duże i głębokie. Jego maksymalna głębokość osiąga 73 metry. Jest wymarzone do żeglugi bez użycia silników spalinowych. Bardzo dużą popularnością cieszą się spływy rzeką Czarną Hańczą. Jej niemal górski nurt ściąga rzesze kajakarzy. W lasach występują suchary, czyli niewielkie jeziora o brunatnym zabarwieniu wody, otoczone pierścieniem roślinności torfowiskowej, nieraz w formie pływającego kożucha, tzw. pła.

Wigry – miejscowość nad jeziorem Wigry ze znanym klasztorem kamedułów.

Klasztor w Wigrach. Na pierwszym planie widoczne są domki, w których dawniej mieszkali mnisi. Teraz mogą w nich nocować turyści.

Wiżajny, wieś w pobliżu granicy z Litwą uważana za polski biegun zimna z powodu długich i srogich zim.

Panorama jeziora Wigry z wieży klasztoru w Wigrach

Warmia i Mazury

Spacerkiem po...

Giżycko leży na przesmyku pomiędzy jeziorami Kisajno i Niegocin. Nazywane jest wakacyjną stolicą Mazur. Latem zdominowane jest przez żeglarzy, zimą przez miłośników ślizgania się na bojerach po lodzie. Kiedyś stał tu gród obronny ludu Prusów, dopiero później powstał zamek krzyżacki. Największą atrakcją miasta jest ogromna twierdza Boyen, wzniesiona w połowie XIX wieku przez Niemców.

Twierdza Boyen (1) otoczona jest wysokim wałem, a którym znajdowała się fosa. Prowadzą do niej cztery bramy. Podczas II wojny światowej Niemcy szkolili tu szpiegów. Dzisiaj w twierdzy działa muzeum przyrodnicze, w którym prezentowane są żyjące na Mazurach gatunki zwierząt i roślin. W dawnych koszarach mieści się schronisko młodzieżowe, a w twierdzy amfiteatr znany z Festiwalu Piosenki Żeglarskiej i Morskiej *Szanty w Giżycku*.
W pobliżu twierdzy, nad jeziorem, stoi **krzyż** (2) upamiętniający męczeńską śmierć misjonarza świętego Brunona, przyjaciela polskiego

Twierdza Boyen

króla Bolesława Chrobrego. Przez Kanał Łuczański przerzucony jest stary **most obrotowy** 3, który obsługuje ręcznie jeden człowiek chociaż waży ponad 100 ton. Gdy przegradza kanał jeżdżą po nim samochody, a gdy jest obrócony, po kanale pływają statki i żaglówki.

Po jednej stronie kanału znajduje się **zamek krzyżacki** 4 wzniesiony w XIV wieku i przebudowany w XVI. Obecnie mieści się w nim luksusowy hotel. Po drugiej stronie kanału są **port i przystań** 5. Stąd można wybrać się na wycieczkę statkiem lub żaglówką po okolicznych jeziorach.

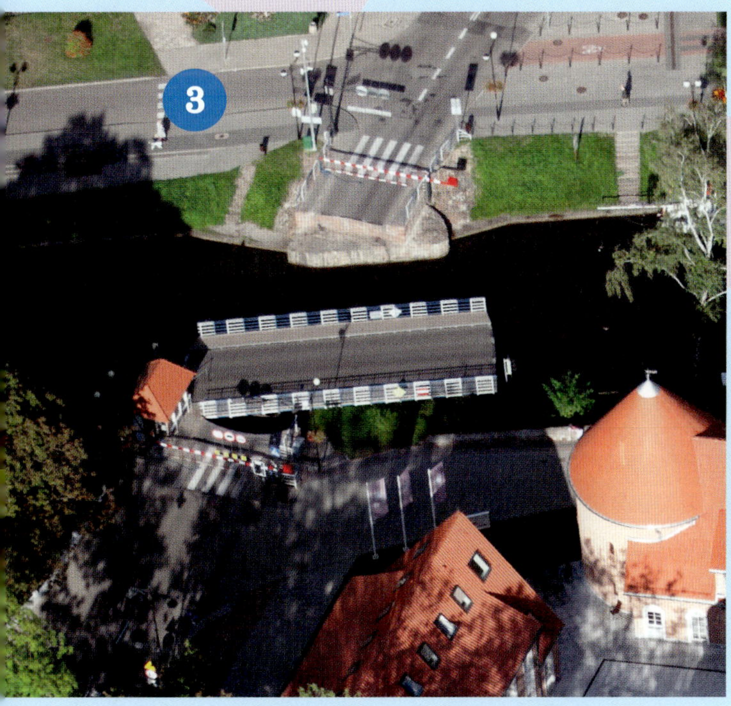

Otwarty most obrotowy umożliwia żaglówkom pływanie po kanale

Wzgórze i Krzyż Świętego Brunona w Giżycku – widok z Jeziora Niegocin

Warmia i Mazury

Legendy

Kamień z Ostródy

Starzy ludzie opowiadają o krzyżackim rycerzu Dietrichu, który posiadał wieś Worniny pod Ostródą. Codziennie przyjeżdżał do miejskiej karczmy na obiad i dobre trunki. Raz, gdy odpoczywał po jedzeniu, do karczmy przybył burmistrz z rajcami miejskimi. Opowiedzieli Dietrichowi, jak się rozwija miasto, i poprosili, aby odsprzedał im część swoich ziem. Ten nie chciał jednak słuchać i przegonił wszystkich. Burmistrz postanowił nie ustępować i namówił rajców, aby spróbowali znowu za kilka dni.
Tym razem Krzyżak miał lepszy humor i zgodził się, ale pod warunkiem że znajdzie się siłacz, który przeniesie kamień graniczny, zdobywając w ten sposób ziemię dla miasta. Burmistrz przystał na te warunki i spisali umowę.
Włodarze udali się do najlepszego kowala, Grabosza, potężnego i silnego mężczyzny. Wyjaśnili mu całą sprawę i poprosili, aby spróbował spełnić warunki Dietricha. Kowal zgodził się. Kilka tygodni przygotowywał się do udźwignięcia głazu. W dniu próby zebrał się tłum, a gdy nadjechał Dietrich, kilku mężczyzn przy pomocy łańcucha umieściło głaz na barkach kowala. Grabosz ugiął się, ale powoli szedł naprzód, a tłum podążał za nim, szepcząc słowa zachwytu.
Dietrich wpadł we wściekłość i mieczem uderzył w łańcuch. Grabosz stracił równowagę i upadł, a głaz przygniótł go tak, że ludzie nie zdążyli przyjść mu z pomocą. Kamień leży tam do dziś, a ślad łańcucha jest dowodem poświęcenia kowala. Dietrich oddał część swoich ziem, a Ostróda rozbudowała się i obecnie jest dużym miastem.

Krasnoludki w Siemianach

Pagórkowaty krajobraz w okolicach Siemian porastają stare lasy. Jest tam wiele małych jezior, a między nimi są wgłębienia w ziemi. Podobno mieszkały w nich krasnoludki, wesołe, pracowite i pomocne ludziom karzełki. Ale w tych samych lasach grasowały wilki. Zimą napadały na ludzkie osady i porywały zwierzęta. Ludzie bali się ich i nie oddalali od domów. Bydło stało głodne w oborach, krowy nie dawały mleka.
Raz do sołtysa zgłosił się nieznajomy z prośbą o pracę. Miał na imię Gustaw i chciał zostać pasterzem. Sołtys ostrzegł go przed wilkami, ale ten stwierdził, że sobie poradzi. Następnego dnia wziął bydło na łąkę. Po drodze przyłączyła się do

stada piękna krowa, biała, z lśniącymi złotymi rogami. Przez cały dzień na polanie nie pojawił się żaden wilk. W drodze powrotnej biała krowa znikła, ale pojawiła się znowu rankiem. I tym razem nic się nie wydarzyło. Sytuacja ta powtarzała się wielokrotnie, ale Gustaw nie pytał o niezwykłą krowę, gdyż myślał, że należy do któregoś z gospodarzy. Sołtys dziwił się temu spokojowi i zapytał Gustawa, czy nie zauważył czegoś dziwnego. Pasterz odpowiedział, że do stada przyłącza się nadzwyczajna krowa.

Sołtys wykrzyknął uradowany:

– To na pewno krowa krasnoludków!

Żaden wilk jej nie zaatakuje.

Sołtys powiedział, że krasnoludki doceniły odwagę Gustawa i może wynagrodzą go za opiekę nad ich zwierzęciem. Tak się stało – każdego dnia Gustaw znajdował pod drzewem srebrny grosz. Oszczędzał pieniądze, żył szczęśliwie i marzył, aby zobaczyć kiedyś krasnoludki. Tego marzenia nie udało mu się spełnić. Ale może wam się uda?

Zaklęty zamek w olsztyńskim lesie

Dawno temu nad Łyną stał potężny zamek, należący do bogatego pana i jego małżonki, Warmii. Oboje kochali swoje ziemie i lubili patrzeć na chłopów wracających z pola. Ich dwunastu synów z dziećmi mieszkało w okolicznych wsiach, a raz w roku, w wigilię św. Jana, wszyscy przybywali na zamek. Zabawy, uczty i polowania trwały siedem dni.

Tak płynęły lata, aż pewnego dnia przybył wędrowiec z niepokojącymi wieściami. Pan wysłuchał go, wezwał synów i obwieścił im, że matce Warmii grozi śmiertelne niebezpieczeństwo. W noc świętojańską w lesie wokół zamku pojawiło się uzbrojone wojsko nieprzyjaciela. Jedno z dzieci szło wtedy do Warmii po lekarstwo i drżało ze strachu, gdy nagle w paprociach zobaczyło cudowny, świetlisty kwiat. Zerwało go i niezauważone przedostało się do zamku, gdzie wręczyło go Warmii. Pani dała mu lek i poprosiła, aby przekazało ludowi, że choćby ją zabili, to jej duch pozostanie w każdej roślince, w rzekach i jeziorach, w szumie wiatru i promieniach słońca. I zawsze będzie się opiekować swoim ludem.

Po wyjściu dziecka wrogowie wdarli się do zamku. Warmia stała na najwyższym ganku, a kiedy podniosła do góry cudowny kwiat, warownia zapadła się pod ziemię. Pozostały po niej tylko pojedyncze kamienie, które szybko zarosły krzewami i mchem. Od tamtego czasu Warmię widują nad brzegiem Łyny, najczęściej w noc świętojańską, kiedy wyrasta kwiat szczęścia.

Mazowsze i Podlasie

94

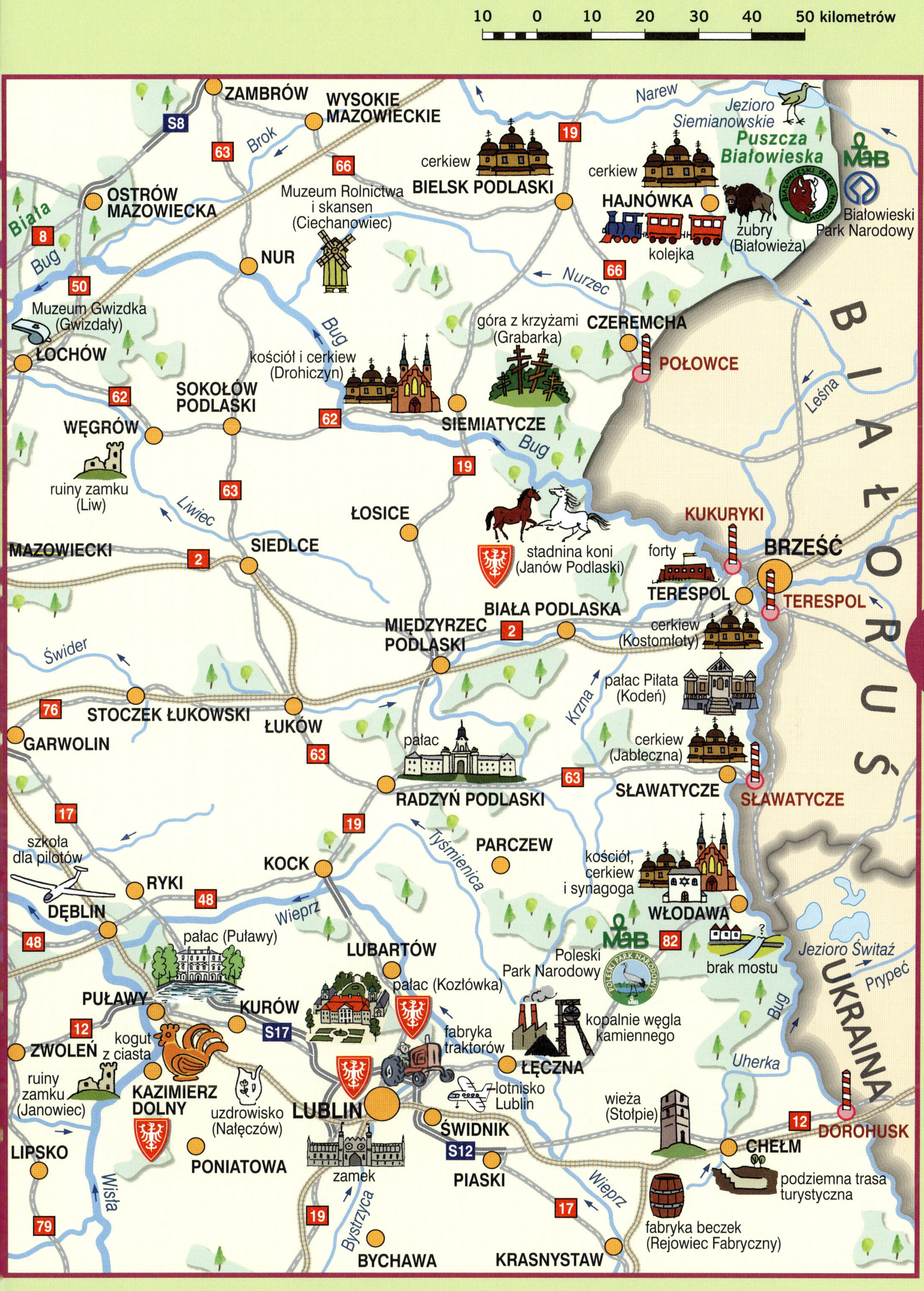
10 0 10 20 30 40 50 kilometrów
ZAMBRÓW
WYSOKIE MAZOWIECKIE
S8
63
Brok
66
19
Narew
Jezioro Siemianowskie
Puszcza Białowieska
cerkiew
BIELSK PODLASKI
cerkiew
HAJNÓWKA
kolejka
żubry (Białowieża)
Białowieski Park Narodowy
OSTRÓW MAZOWIECKA
Muzeum Rolnictwa i skansen (Ciechanowiec)
Biała
8
Bug
NUR
50
Nurzec
66
Muzeum Gwizdka (Gwizdały)
ŁOCHÓW
Bug
kościół i cerkiew (Drohiczyn)
góra z krzyżami (Grabarka)
CZEREMCHA
POŁOWCE
62
SOKOŁÓW PODLASKI
WĘGRÓW
62
SIEMIATYCZE
Bug
Leśna
ruiny zamku (Liw)
19
63
Liwiec
ŁOSICE
KUKURYKI
MAZOWIECKI
SIEDLCE
2
stadnina koni (Janów Podlaski)
forty
BRZEŚĆ
TERESPOL
TERESPOL
BIAŁA PODLASKA
cerkiew (Kostomłoty)
MIĘDZYRZEC PODLASKI
2
Świder
pałac Piłata (Kodeń)
Krzna
76
STOCZEK ŁUKOWSKI
ŁUKÓW
GARWOLIN
pałac
cerkiew (Jabłeczna)
63
63
SŁAWATYCZE
SŁAWATYCZE
RADZYŃ PODLASKI
BIAŁORUŚ
17
19
Tyśmienica
PARCZEW
szkoła dla pilotów
kościół, cerkiew i synagoga
KOCK
RYKI
48
DĘBLIN
Wieprz
WŁODAWA
48
pałac (Puławy)
LUBARTÓW
Poleski Park Narodowy
82
brak mostu
Jezioro Świtaź
Prypeć
pałac (Kozłówka)
PUŁAWY
KURÓW
S17
12
kogut z ciasta
fabryka traktorów
kopalnie węgla kamiennego
Bug
ZWOLEŃ
ŁĘCZNA
Uherka
UKRAINA
ruiny zamku (Janowiec)
KAZIMIERZ DOLNY
uzdrowisko (Nałęczów)
LUBLIN
lotnisko Lublin
wieża (Stołpie)
ŚWIDNIK
12
DOROHUSK
LIPSKO
S12
CHEŁM
PONIATOWA
PIASKI
zamek
podziemna trasa turystyczna
Wisła
Wieprz
Bystrzyca
17
19
79
fabryka beczek (Rejowiec Fabryczny)
BYCHAWA
KRASNYSTAW

Mazowsze i Podlasie

Mazowsze i Podlasie to nizinne rolnicze krainy. Nieurodzajne gleby do dziś porastają lasy, takie jak Puszcza Kampinoska i Białowieska. W ich najcenniejszych fragmentach utworzono parki narodowe, w których żyją dzikie zwierzęta.

Płyną tu leniwie duże polskie rzeki: Wisła, Bug i Narew. Na wysokich brzegach rzek zbudowano wiele miast i zamków. Na Mazowszu leży też Warszawa, obecna stolica Polski i Mazowsza oraz Płock – historyczna stolica Mazowsza.

Wisła w okolicach Warszawy

Puszcza Białowieska

Skansen w Sierpcu

od A do Z

Bełchatów jest znany z węgla brunatnego i sportów zimowych. Węgiel spala się w największej w Polsce elektrowni, która produkuje prąd. Z ziemi przykrywającej wydobywany węgiel usypano ogromną sztuczną górę, na której zimą można jeździć na nartach.

Białowieski Park Narodowy

znajduje się na wschodzie Polski, z dala od dużych miast i ważnych rzek. Choć pod tą nazwą utworzono go w 1947 roku, to już w 1921 roku powstało na jego obszarze Leśnictwo Rezerwat, które w 1932 roku przekształcono w Park Narodowy w Białowieży, drugi – po pienińskim – park narodowy w naszym kraju. Chroni Puszczę Białowieską – las o charakterze niemal pierwotnym, rosnący również po drugiej stronie granicy Polski – na Białorusi.

Król puszczy – żubr (*Bison bonasus*)

Całą puszczę uznano za obiekt światowego dziedzictwa oraz rezerwat biosfery UNESCO. Z jej bogactw zdawano sobie sprawę od bardzo dawna. Już od XVI wieku chronili ją polscy królowie, a potem rosyjscy carowie by urządzać w niej wspaniałe polowania.

str. 158

Las w Obszarze Ochrony Ścisłej

Największym zwierzęciem puszczy, a zarazem Europy (!) jest żubr. Gdyby nie działania polskich przyrodników w Polsce i w Europie w ogóle nie byłoby już tych zwierząt. Najstarsze dęby porastające tutejsze lasy mają nawet 500 lat. Bardzo znana jest aromatyczna trawa zwana żubrówką.

Bielsk Podlaski. Bardzo dawno temu był tu zamek, po którym pozostało tylko wzgórze. Dziś zapraszają małe drewniane cerkwie. W mieście działa jedyna w Polsce szkoła tworzenia ikon – świętych obrazów dla wyznawców prawosławia.

Cerkiew Michała Archanioła

Mazowsze i Podlasie

Bolimów rozsławili twórcy pięknie malowanych glinianych naczyń. Dawniej w okolicznych lasach żyły tury – zwierzęta od których pochodzą krowy. W pobliskich miejscowościach warto odwiedzić: w Nieborowie – pałac, a w Arkadii pod Łowiczem – piękny park.

Naczynia z Bolimowa

Chełm powstał na wzgórzu zbudowanym z kredy. W tych skałach wykopano wiele piwnic i tajemniczych korytarzy, które obecnie można zwiedzać. Ponoć grasuje w nich duch Bieluch widniejący na opakowaniu serka produkowanego w tym mieście...

Czy to duch Bieluch?

Ciechanowiec na Podlasiu może pochwalić się jedynym w Polsce Muzeum Pisanki. W zabytkowym pałacu ma siedzibę Muzeum Rolnictwa, w ramach którego zorganizowano imponujący skansen. Szczególne wrażenie robi młyn wodny – specjalnie uruchamiany dla turystów.

Chałupa w Muzeum Rolnictwa w Ciechanowcu

Ciechanów leży w dolinie rzeki Łydyni. Prawie 500 lat temu zbudowano tu z cegieł i kamieni zamek. Dziś pozostały ruiny. W mieście podziwiać można stary ratusz i kościół.

Czerwińsk nad Wisłą widać z daleka dzięki wieżom starego kościoła wzniesionego obok bardzo starego klasztoru.

Dęblin leży u ujścia rzeki Wieprz do Wisły. Ponad 150 lat temu Rosjanie zbudowali tu twierdzę obronną. W mieście działają lotnisko i szkoły kształcące pilotów samolotów.

Kościół Zwiastowania Najświętszej Marii Panny w Czerwińsku nad Wisłą ma ponad 800 lat

Drohiczyn to historyczna stolica Podlasia. Stanowił kiedyś ważną twierdzę obronną. Dziś to małe malownicze miasteczko z piękną katedrą na wysokim brzegu Bugu i zabytkową cerkwią nieopodal. Jest siedzibą diecezji i seminarium duchownego, w którym kształci się księży.

Grabarka to góra z cerkwią otoczoną krzyżami – najważniejsze miejsce pielgrzymek polskich wyznawców prawosławia.

Krzyże w Grabarce

Góra Kalwaria. Jest tu ważny most na Wiśle, zabytkowe kościoły i klasztory oraz dwie synagogi. W mieście i okolicy przetwarza się owoce z tutejszych sadów m.in. na pyszne soki.

Grójec i jego okolice to kraina sadów. W czasie kwitnienia drzew owocowych wygląda po prostu bajkowo.

Gwizdały, miejscowość o zabawnej nazwie. W miejscowej szkole w Muzeum Gwizdka zgromadzono ponad tysiąc różnych gwizdków z całego świata.

Hajnówka leży na skraju Puszczy Białowieskiej. W miasteczku jest dużo tartaków oraz ogromna, nowoczesna cerkiew.

Ze stacji kolejki wąskotorowej można pojechać na wycieczkę przez las do Topiła.

Iłża była dawniej znana z produkcji porcelany. Na Górze Zamkowej – wśród ruin biskupiego zamku – góruje wysoka wieża.

Mazowsze i Podlasie

Jabłeczna nad Bugiem jest drugim po Grabarce, najważniejszym miejscem dla wyznawców prawosławia. We wsi znajduje się męski klasztor – monastyr oraz cerkiew, którym patronuje święty Onufry oraz jeszcze jedna cerkiew – greckokatolicka.

Janowiec nad Wisłą leży naprzeciwko Kazimierza Dolnego, skąd można do niego przypłynąć promem. Na wysokim brzegu zabezpieczono ruiny zamku i udostępniono je zwiedzającym, podobnie jak park ze skansenem.

Janów Podlaski słynie ze stadniny koni w pobliskiej wsi Wygoda.

Najdroższe konie arabskie sprzedaje się nawet za 1 milion dolarów na słynnych sierpniowych aukcjach.

Kampinoski Park Narodowy sąsiaduje z Warszawą. Na świecie tylko dwie stolice, Polski i Kenii, graniczą z parkiem narodowym.

Obszar ochrony ścisłej „Kalisko"

Oddzielna część parku położona jest aż 140 kilometrów od głównego obszaru, w Smardzewicach pod Tomaszowem Mazowieckim. Tu znajduje się Ośrodek Hodowli Żubrów – zwierzyniec założony w 1934 roku z inicjatywy prezydenta Ignacego Mościckiego – jeden z najstarszych w kraju. W 2000 roku park umieszczono na liście rezerwatów biosfery UNESCO.

str. 162

Ruiny zamku w Janowcu

Najbardziej charakterystyczne w krajobrazie parku są porośnięte lasem wydmy sąsiadujące z bagnami co zapewnia dużą różnorodność roślin i zwierząt. Obok ciepłolubnych i sucholubnych lasów dębowych czy typowych borów sosnowych występują torfowiska, szuwary, bory bagienne i podmokłe łąki. Do lasów ponownie wprowadzono (reintrodukowano) rzadko rosnące w Polsce drzewa: cis i modrzew polski. Sukcesem zakończyła się reintrodukcja łosi, bobrów i rysi.

W 1992 r. rozpoczęto program reintrodukcji rysia (*Lynx lynx*) w Puszczy Kampinoskiej

Park obejmuje także tereny poza Puszczą Kampinoską. Chroni również typowy rolniczy mazowiecki krajobraz, z mozaiką pól i pastwisk, wierzbami i stogami siana.

Kazimierz Dolny to małe, ale bardzo stare miasto położone nad Wisłą – ulubione miejsce wycieczek

Rynek w Kazimierzu Dolnym

warszawiaków. Z przystani można się udać statkiem po Wiśle w turystyczny rejs. Na drugi brzeg rzeki do zamku w Janowcu można dostać się promem. Gdy Wisłą pływały do Gdańska statki ze zbożem Kazimierz nazywano Małym Gdańskiem, a na brzegu stało aż 60 spichlerzy. Uroczy rynek ze studnią pośrodku, otaczają zabytkowe kamieniczki. Najpiękniejsze należały do braci Przybyłów. Efektowny wystrój ma kościół parafialny. Nad miasteczkiem górują ruiny zamku zbudowanego na wzgórzu oraz Góra Trzech Krzyży, z której pięknie widać okolicę. Przy Małym Rynku stoją drewniane jatki, w których kiedyś sprzedawano mięso.
Na drugim brzegu strumienia Grodarza znajduje się słynna piekarnia pana Sarzyńskiego gdzie wypiekane są koguty ze słodkiego drożdżowego ciasta. Warto też zajrzeć do miejscowego muzeum przy ulicy Senatorskiej działającego w pięknej, pokrytej ciemnym tynkiem Kamienicy Celejowskiej.

Mazowsze i Podlasie

Kodeń leży nad Bugiem. Na wysokim brzegu zbudowano zamek i cerkiew. Dziś w budynku cerkwi jest rzymskokatolicki kościół, a w pobliżu urządzono Drogę Krzyżową z Pałacem Piłata.

Kozłówka znana jest z pięknego parku i położonego wśród drzew pałacu rodziny Zamoyskich.

Pałac w Kozłówce

Wspaniałe wyposażenie pałacu sprawia, że wygląda jakby nadal był zamieszkany. W dawnej powozowni powstała Galeria Sztuki Socrealizmu. Obiekt jest pomnikiem historii.

Liw był grodem obronnym. Ze zbudowanego później zamku ocalała jedynie baszta.

Lublin założył król Kazimierz Wielki. Jest tu zamek z okazałą wieżą mieszkalno-obronną i słynnym obrazem Jana Matejki *Unia Lubelska*. Tę część miasta uznano za pomnik historii.
Przy bramie miejskiej stoi rzeźba koziołka – symbol miasta.
W Lublinie są dwa znane uniwersytety (w tym jeden katolicki) oraz inne wyższe uczelnie: przyrodnicze, medyczne i techniczne.

Łowicz słynie z ciągle żywych tradycji ludowych, nic więc dziwnego, że jest tu skansen. To niezbyt duże miasto jest siedzibą diecezji powołanej przez Jana Pawła II, a łowicka katedra została uznana za pomnik historii.

Zamek w Liwie

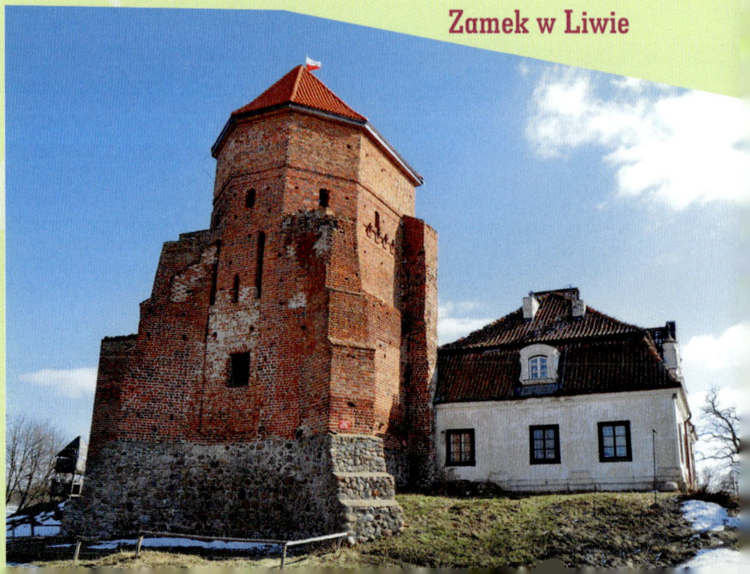

Manufaktura w Łodzi to przykład świetnego wykorzystania starych budynków przemysłowych na nowoczesną galerię handlową

Łódź – duże, ale niezbyt stare miasto rozwinęło się w XIX wieku dzięki zakładom włókienniczym produkującym nici, materiały i tkaniny. Dzisiaj w pięknie odnowionych starych pofabrycznych budynkach zorganizowano wielofunkcyjne centrum kulturalno-handlowe – Manufakturę. Krajobraz przemysłowy tworzony przez przedstawicieli różnych narodowości i religii został uznany za pomnik historii. W Łodzi mieści się też szkoła filmowa i muzeum kina.

Twierdza Modlin

Modlin – twierdza przy ujściu Narwi do Wisły z najdłuższym budynkiem w Europie. Jest częścią miasta Nowy Dwór Mazowiecki.

Nałęczów – znane uzdrowisko koło Lublina odwiedzane przez pisarzy m.in. Ewę Szelburg-Zarembinę.

Opinogóra koło Ciechanowa. Dwieście lat temu rodzina Krasińskich zbudowała tu zameczek otoczony pięknym parkiem, w którym zamieszkał znany pisarz Zygmunt Krasiński z małżonką. Obecnie mieści się w nim Muzeum Romantyzmu gdzie wśród eksponatów można zobaczyć m.in. wiedeńskie pianino zwane żyrafą.

Zameczek w Opinogórze

Piątek to nazwa małego miasta, w którym w piątki odbywały się jarmarki. Podobno jest tu środek Polski. W tym miejscu mieszkańcy postawili pomnik.

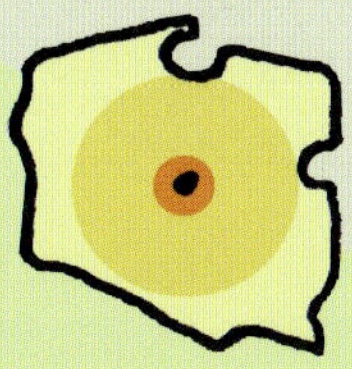

Piotrków Trybunalski swoją nazwę zawdzięcza odbywającym się tu sejmom. Pierwszy odbył się już w połowie XV wieku, a ostatni mniej więcej sto lat później.

Mazowsze i Podlasie

Płockie wzgórze

Płock był nieformalną stolicą Polski gdy w XI wieku rezydowali tu polscy królowie i władcy Mazowsza. Na wysokim brzegu Wisły zbudowano katedrę, klasztor i zamek otoczony murami. Dzisiaj w mieście znajduje się największa fabryka w Polsce, zwana rafinerią, która produkuje paliwo do samochodów.

Poleski Park Narodowy wchodzi w skład polsko-białorusko-ukraińskiego Transgranicznego Rezerwatu Biosfery „Polesie Zachodnie". Obejmuje naturalne fragmenty torfowisk z jeziorami, stawami, rzekami, rowami.

str. 166

Porośnięty karłowatymi brzozami, wierzbami i sosnami swym wyglądem przypomina bezleśną tundrę występującą na chłodnych obszarach Kanady i Europy. Rozlewiska powstające po okresie zimowym, przyciągają migrujące ptaki

Żuraw (*Grus grus*)

wodno-błotne, a rozlewiska utrzymujące się przez cały rok stanowią żerowiska i miejsce gniazdowania gatunków lęgowych. Tu żyje nasz największy ptak drapieżny bielik

Torfowisko w pobliżu Jeziora Moszne

Żółw błotny
(Emys orbicularis)

oraz największy krajowy ptak – żuraw (ponad 1 m wysokości) występujący w herbie Poleskiego Parku Narodowego. Obszar jest też ostoją łosia, bobra i wydry oraz żółwia błotnego, który jest najbardziej zagrożonym gadem w Polsce. W niewielkich zbiornikach wodnych żyje jedna z najrzadszych ryb w naszym kraju – strzebla przekopowa. W parku występują równocześnie rośliny charakterystyczne dla różnych typów klimatu: chłodnego, wilgotnego, kontynentalnego o dużych wahaniach temperatury, suchego stepowego oraz górskiego.

Puławy są znane z fabryki nawozów i instytutu pracującego na potrzeby rolnictwa. W przeszłości

Park w Puławach ze świątynią Sybili

były związane z rodem magnackim – Czartoryskich, któremu zawdzięczają wzniesienie na wysokim brzegu Wisły pięknego pałacu i urządzenie parku. Obecnie w ich siedzibie działa muzeum.

Pułtusk ma ponoć najdłuższy rynek w Polsce – a nawet w Europie. Dawny plac targowy ma długość 400 metrów. Znajdują się na nim stary kościół i zamek biskupów płockich. Około 150 lat temu w okolicach miasta spadł jeden z najbardziej znanych polskich meteorytów.

Meteoryt z Pułtuska

R

Radzyń Podlaski zaprasza do parku ze starymi modrzewiami, pośród których znajduje się okazały pałac.

Różan nad Narwią. Jest tu kilka fortów, z których zwiedzać można tylko jeden.

Forty w Różanie

Mazowsze i Podlasie

Sielpia Wielka. Dawniej Sielpia była ważnym ośrodkiem wchodzącym w skład Staropolskiego Okręgu Przemysłowego. Działały w niej kopalnie i huty żelaza oraz walcownie. Maszyny w ruch wprowadzało największe w Europie koło wodne. Dzisiaj przypomina o tym ekspozycja Muzeum Zagłębia Staropolskiego prezentowana w poprzemysłowych obiektach.

Sierpc. We wsi zgromadzono drewniane wiejskie zagrody, dworek i wiatrak. Powstał skansen – Muzeum Wsi Mazowieckiej.

Smardzewice leżą nad Pilicą. W pobliskim rezerwacie żyje stado żubrów. Stanowi on oddzielną część Kampinoskiego Parku Narodowego, zwaną enklawą. Z wysokiego brzegu można zobaczyć tamę przegradzającą rzekę, dzięki której utworzono sztuczny zbiornik – Jezioro Sulejowskie.

Rzeka Pilica w okolicach Smardzewic

Sromów znany jest z muzeum sztuki ludowej. Do najciekawszych eksponatów należą ruchome drewniane rzeźby przedstawiające m.in. sceny z obchodów Bożego Narodzenia, procesji Bożego Ciała, łowickiego wesela, a nawet wyścigu kolarskiego.

Stołpie. Z drogi widać murowaną wieżę obronną zbudowaną ponad 800 lat temu.

Szydłowiec to miasteczko z malowniczym rynkiem. W zamku otoczonym szeroką fosą znajduje się Muzeum Ludowych InstrumentówMuzycznych.

Tarczyn zapowiada już z daleka nowoczesny wiatrak wytwarzający prąd, który stoi w pobliżu drogi krajowej numer 7. W miejscowych fabrykach produkuje się soki z owoców zbieranych w sadach w okolicach Grójca i Warki.

Tomaszów Mazowiecki leży nad Pilicą. Na terenie miasta znajduje się osobliwy rezerwat – Niebieskie Źródła. Nazwa pochodzi od zielononiebieskiej wody dwóch pięknych źródeł.

Pomnik Kazimierza Pułaskiego

Warka też leży nad Pilicą. Tu w dworku w Winiarach dzieciństwo spędził Kazimierz Pułaski, syn starosty wareckiego i bohater narodowy Polski i Stanów Zjednoczonych. W mieście utworzono jego muzeum.

Warszawa patrz strona 108

Wąchock. W mieście są bardzo stare kościół i klasztor. Ale Wąchock najbardziej znany stał się z powodu serii dowcipów.

Włodawa leży nad Bugiem. Na drugim brzegu rzeki jest już Białoruś. W miasteczku, w którym mieszkali razem przedstawiciele różnych religii zbudowano blisko siebie kościół dla katolików, cerkiew dla wyznawców prawosławia i synagogę dla żydów.

Budynek dawnej synagogi we Włodawie

Wyszogród. Przeprawę przez Wisłę zapewniał tu niegdyś najdłuższy drewniany most w Europie. Służył przez ponad 80 lat do czasu, gdy obok wybudowano nowy.

Wyśmierzyce to drugie, najmniejsze miasto w Polsce. Liczy mniej niż 1000 mieszkańców.

Żelazowa Wola jest znana na świecie. Urodził się tutaj światowej sławy pianista i kompozytor Fryderyk Chopin. W miejscowości stworzono muzeum. Latem – w otoczeniu pięknego parku – urządzane są koncerty fortepianowe.

Dworek-muzeum w Żelazowej Woli

Żyrardów słynął do niedawna z wyrobów lnianych, podobnie jak Milanówek, w sąsiednim powiecie grodziskim, z jedwabnych. Osada fabryczna została uznana za pomnik historii.

Mazowsze i Podlasie

Spacerkiem po...

Warszawa to stolica Polski i największe polskie miasto. Po zniszczeniach wojennych wiele zabytków pieczołowicie odbudowano. Dziś możemy je podziwiać spacerując po Starym Mieście i Traktem Królewskim. Zakres i wierność takiej rekonstrukcji starej części miasta doceniono przez umieszczenie jej na liście światowego dziedzictwa UNESCO. Stare Miasto uznano też za pomnik historii. W Warszawie takimi pomnikami są jeszcze zabytkowe filtry zaprojektowane przez Williama Lindleya oraz cmentarze różnych wyznań na Powązkach. Dużą atrakcją w stolicy może okazać się przejażdżka metrem albo wjazd windą na 30 piętro Pałacu Kultury i Nauki. Wielu niecodziennych wrażeń dostarczyć mogą też odwiedziny w nowoczesnych muzeach – Powstania Warszawskiego, Fryderyka Chopina oraz w Centrum Nauki Kopernik. Turyści najczęściej jednak spacerują po Starówce. Oto propozycja trasy:

Plac Zamkowy z Kolumną Zygmunta (1). Ten najstarszy warszawski pomnik wzniesiono prawie 400 lat temu. Z wysokiej

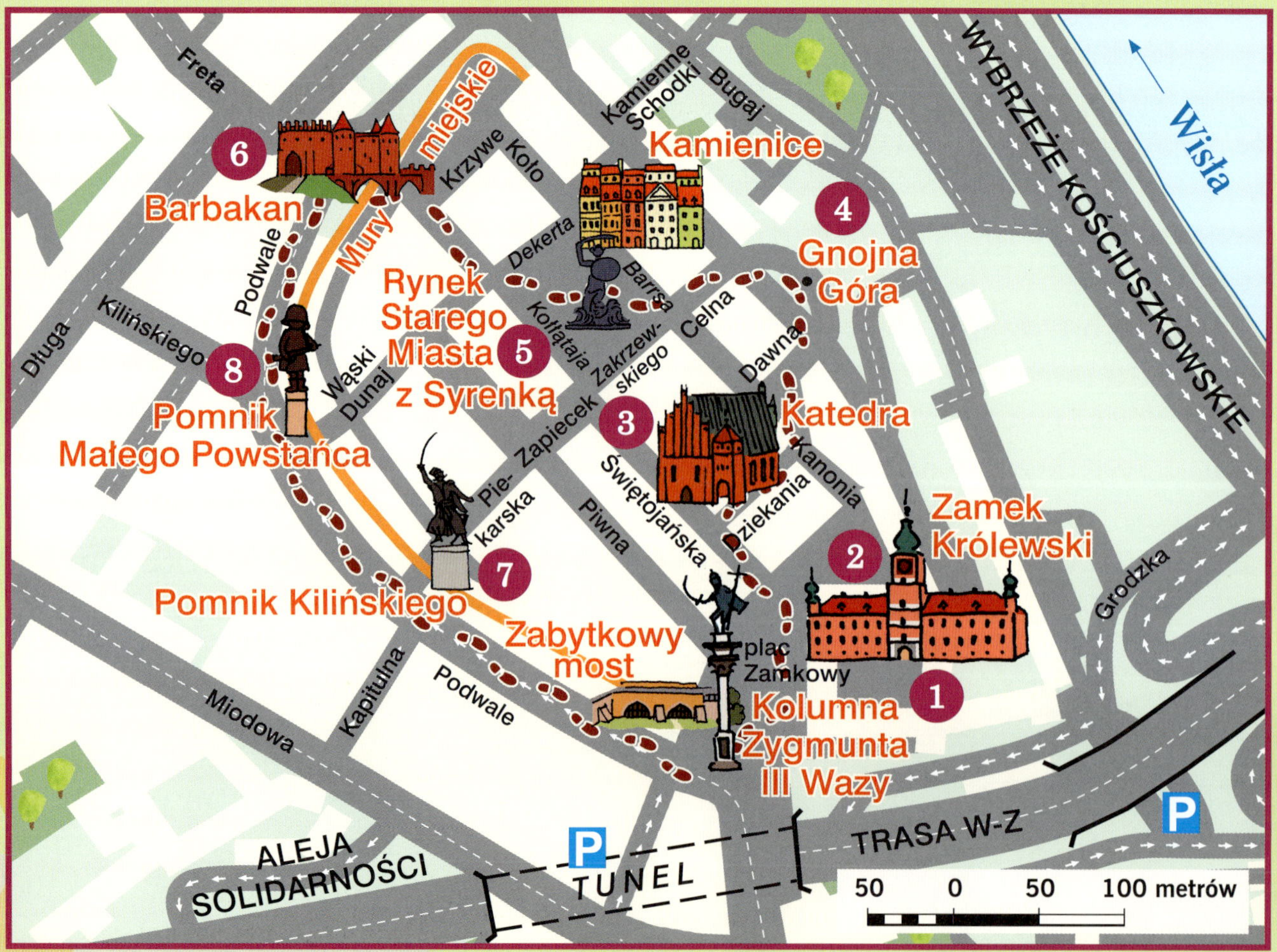

Plac Zamkowy z Kolumną Zygmunta i zamkiem

kolumny król Zygmunt III Waza spogląda na miasto, które uczynił stolicą Polski. Wcześniej tę funkcję pełnił Kraków. Dwie poprzednie, zniszczone kolumny, na których kiedyś stał pomnik króla leżą przy zamku.

Zamek Królewski 2. Król Zygmunt III Waza rozbudował także stojący obok zamek. Został on kompletnie zniszczony w czasie II wojny światowej. Odbudowano go i wyposażono dopiero 30 lat po zakończeniu wojny. W zamkowych wnętrzach mieści się muzeum i organizowane są wystawy sztuki.

Katedra świętego Jana Chrzciciela 3, najważniejsza świątynia w mieście. W jej podziemiach zostali pochowani wielcy Polacy. W zewnętrznej ścianie można zobaczyć wmurowaną gąsienicę niemieckiego czołgu, który częściowo zniszczył ścianę kościoła w czasie powstania warszawskiego.

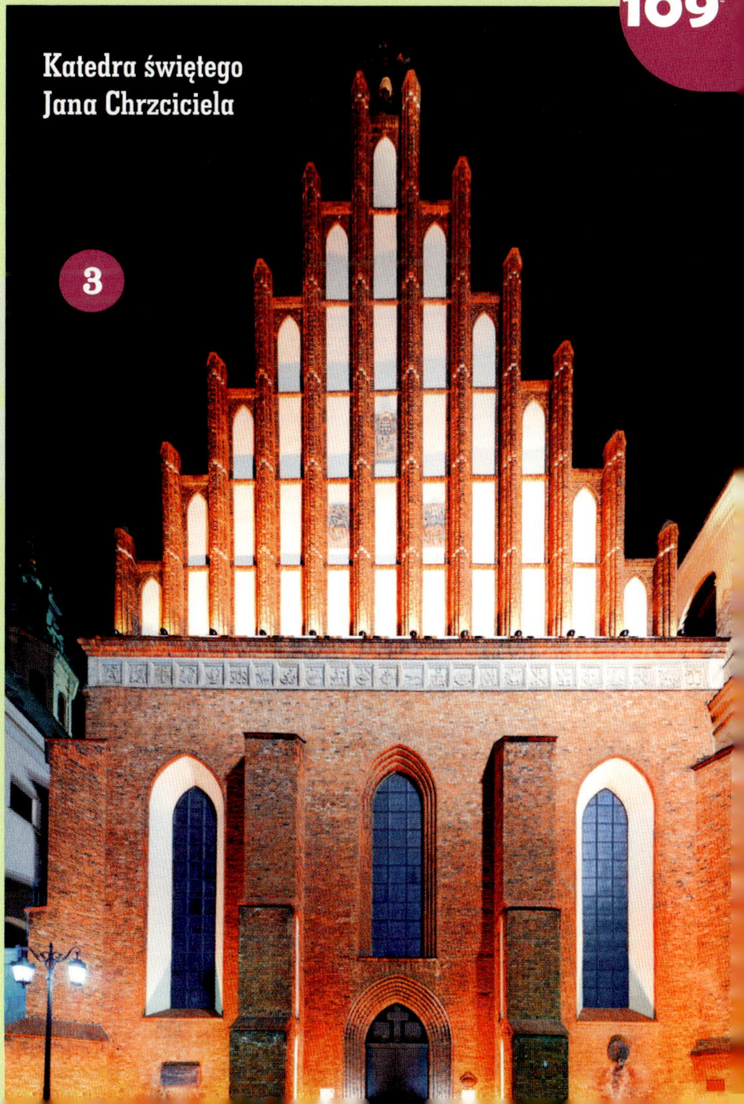

Katedra świętego Jana Chrzciciela

Mazowsze i Podlasie

Gnojna Góra 4 była kiedyś po prostu wysypiskiem śmieci i nieczystości. Dzisiaj rozciąga się z niej piękny widok na Wisłę i na zoo ukryte wśród drzew po drugiej stronie rzeki. W drodze na Gnojną Górę na placyku Kanonia jest pęknięty dzwon, a pod numerem 20/22 stoi najwęższa w mieście kamienica.

Rynek Starego Miasta 5 otaczają z czterech stron malownicze kamieniczki. Pośród nich na rynku stoi fontanna z rzeźbą Syrenki, symbolem Warszawy. Drugi pomnik warszawskiej Syrenki stoi nad Wisłą. Legenda mówi, że dawno temu w wodach Wisły żyła syrena o pięknym głosie.

Warszawska Syrenka (znad Wisły)

Pewien człowiek uwięził ją, by zarobić na jej śpiewie. Uwolnili ją mieszkańcy Warszawy, a wdzięczna syrena obiecała bronić ich przed wrogiem. Dlatego ma tarczę i miecz.

Barbakan 6 stał kiedyś przed murami obronnymi miasta. Jest to drugi najbardziej znany w Polsce – po Krakowie – zabytek tego rodzaju. Wraz z podwójnym pasem murów i basztami bronił dostępu do miasta.

6

Barbakan od strony zachodniej

Pomnik Jana Kilińskiego 7 przy ul. Piekarskiej upamiętnia najsławniejszego szewca, który przed ponad 200 laty poprowadził lud Warszawy do walki w obronie niepodległości.

7

8

Pomnik Małego Powstańca 8 postawiono na pamiątkę udziału dzieci w walkach w powstaniu warszawskim w czasie II wojny światowej.

Mazowsze i Podlasie

Legendy

Legenda o Warszawie

Najstarsi ludzie nie pamiętają, jak powstała Warszawa. Dawno temu rosła tu ogromna puszcza. Nad Wisłą, w drewnianym domku mieszkał rybak Warsz z żoną. Oboje ciężko pracowali, ale żyli spokojnie i szczęśliwie z dwójką swoich dzieci.
Pewnego dnia Warsz wypłynął na połów, a jego żona przygotowywała posiłek i wędziła ryby. Nagle usłyszała pukanie. Otworzyła drzwi i ujrzała księcia Ziemowita, władcę Mazowsza. Zaskoczona zaprosiła go do środka. Niedługo wrócił mąż, a książę opowiedział, jak znalazł się w ich chacie. Był na polowaniu, ścigał zwierzynę i zabłądził. Koń poniósł go aż na brzeg Wisły, gdzie książę ujrzał przepiękną pannę wyłaniającą się z fal. Była to Syrena, kobieta z rybim ogonem zamiast nóg. Wskazała mu drogę, którą miał podążyć:
– Idź tą wąską ścieżką między drzewami. Znajdziesz tam to, co najważniejsze dla ciebie i twojej ojczyzny.
Ziemowit wyruszył zgodnie ze wskazówkami Syreny, a u kresu dróżki ujrzał rybacką chatę, w której serdecznie go przyjęto i ugoszczono. Zrozumiał, że władza i bogactwo nie mają takiego znaczenia jak spokojne dobre życie wypełnione pracą. Dlatego powiedział do Warsza i jego żony:
– Wszystko, co dotychczas osiągnęliście, świadczy o waszej wartości. Daję wam tę ziemię – dbajcie o nią i rozwijajcie ją.
I tak powstała wieś Warszowa, dzisiejsza Warszawa, którą potomkowie rybaka zmienili w wielkie nowoczesne miasto.

Złota kaczka

Żył w Warszawie szewczyk Lutek. Majster niewiele mu płacił, więc Lutek klepał biedę i często rozmyślał, jak zmienić swoje życie. Pewnego wieczoru usłyszał legendę o królewnie zaklętej w złotą kaczkę. Śmiałek, który znajdzie ją w noc świętojańską w lochach starego zamku na Ordynackiej, stanie się wielkim panem i bogaczem. Szewczyk nie zwlekał i gdy nadszedł właściwy wieczór, wyruszył na Tamkę, skąd przedostał się do lochów zamczyska. Szedł podziemnym korytarzem, aż natrafił na piwnicę z jeziorkiem. Ujrzał złotą kaczkę,

która przemieniła się w piękną złotowłosą królewnę i powiedziała:
– Dam ci ogromne skarby i uczynię wielkim panem, jeśli tylko spełnisz moją wolę. Oto 100 dukatów – wydaj je w ciągu jednego dnia, ale pamiętaj, że nie możesz się z nikim podzielić. Następnego ranka Lutek kupił najdroższe ubranie, najadł się do syta, pojechał na wycieczkę konnym powozem do Wilanowa i poszedł do Teatru Narodowego. Nigdy wcześniej nie było go na to stać, a tymczasem wydał tylko kilka dukatów. Wieczorem Lutek szedł ulicą zmartwiony, że nie zdąży wydać wszystkich pieniędzy. Wtedy ujrzał staruszka, inwalidę, który opowiedział o swoim trudnym życiu i poprosił o wsparcie. Lutek bez namysłu sięgnął do kieszeni i dał mu garść złota. W tym momencie ukazała się zaklęta królewna.
– Nie dotrzymałeś obietnicy! – powiedziała i znikła. Szewczyk został z niczym, ale starzec pocieszył go, że łatwo zdobyte pieniądze nie dają szczęścia. Dają je tylko zdrowie i praca. Od tamtego wieczoru zaczęło się Lutkowi dobrze powodzić. Założył własny warsztat, ożenił się, wychował dzieci i do późnej starości żył w zdrowiu i szczęściu. A o samolubnej królewnie zaklętej w złotą kaczkę nikt więcej nie słyszał.

Żółta dama

Na granicy Mazowsza i Podlasia, nad rzeką Liwiec, zbudowano kiedyś gród i zamek, w którym mieszkali kasztelanowie. Za czasów Jana III Sobieskiego rządził tam Marcin Kuczyński z żoną Ludwiką. Wśród wielu klejnotów, jakie podarował żonie, był pierścień z brylantem. Pewnego dnia zniknął i nie udało się go odnaleźć. Kasztelanowa powiedziała o tym mężowi, który się zdenerwował, ale kupił jej drugi pierścień, równie cenny. Niestety, i ten po jakimś czasie zniknął. Tym razem kasztelan wpadł we wściekłość i zarzucił żonie, że go sprzedała, aby mieć pieniądze dla swojego ulubieńca, młodego dworzanina. Stwierdził, że kupi jej trzeci pierścień, ale jeśli i on zniknie, zemsta będzie straszna. Niestety, i ten ostatni klejnot zniknął ze szkatuły. Kasztelan oskarżył żonę o zdradę i zamknął w wieży. Kobietę osądzono i ścięto jej głowę.
Kilka dni później z drzew wokół zamku strącano gniazda wron. W jednym coś błysnęło – były to trzy pierścienie skradzione przez oswojoną na zamku srokę. Kasztelan pożałował strasznej pomyłki. Niedługo znaleziono go martwego u stóp wieży. Niektórzy mówili, że zabił się z żalu. Inni uważali, że duch żony gonił go po zamku i kasztelan wypadł przez okno. Minęły lata, a w komnatach liwskiego zamku można ujrzeć damę w żółtym welonie. Może kasztelanowa wciąż szuka swoich pierścieni?

Małopolska

STARACHOWICE
dąb Bartek
(Bartków)
Świętokrzyski
Park Narodowy
stare kopalnie krzemienia
(Krzemionki Opatowskie)
Park Jurajski
(Bałtów)
Kamienna
KIELCE
Święty
Krzyż
Góry
Świętokrzyskie
OSTROWIEC
ŚWIĘTOKRZYSKI
OŻARÓW
Warta
Pilica
WŁOSZCZOWA
Jaskinia
Raj
ruiny zamku
(Chęciny)
czarownica
OPATÓW
Brama
Opatowska
KONIECPOL
9
74
Nida
skansen
(Tokarnia)
rezerwat Kadzielnia
z amfiteatrem
zamek
Krzyżtopór (Ujazd)
SANDOMIERZ
ruiny zamków
(Mirów i Bobolice)
Muzeum
Zegarów
73
78
JĘDRZEJÓW
CHMIELNIK
Ekspress Ponidzie
TARNOBRZEG
SZCZEKOCINY
bizony
(Kurozwęki)
STASZÓW
ŁONIÓW
największa stadnina
koni arabskich
(Michałów)
PIŃCZÓW
79
ZAWIERCIE
uzdrowisko
BUSKO-ZDRÓJ
Koziołek
Matołek
BARANÓW
7
ruiny zamku
(Ogrodzieniec)
Nida
najmniejsze
miasto w Polsce
PACANÓW
Wisłoka
zamek
(Pieskowa
Skała)
MIECHÓW
Szreniawa
kościół
WIŚLICA
zamek
9
OLKUSZ
Ojcowski
Park Narodowy
KAZIMIERZA
WIELKA
MIELEC
94
79
Stare Miasto
(Kraków)
malowana chata
(Zalipie)
DĄBROWA
TARNOWSKA
KRZESZOWICE
lotnisko
(Balice)
kopalnia soli
Wisła
73
fabryka opon
CHRZANÓW
A4
TARNÓW
94
KRAKÓW
DĘBICA
ROPCZYCE
park
rozrywki
A4
BOCHNIA
BRZESKO
ZATOR
WIELICZKA
94
PILZNO
klasztor
(Tyniec)
kopalnia
soli
Raba
szyby naftowe
i kiwony
WADOWICE
zamek
(Nowy Wiśnicz)
75
Dunajec
wóz cygański
(Tarnów)
73
LIPNICA
MUROWANA
palmy wielkanocne
szyby naftowe
i kiwony
Wisłoka
Wisłok
Kalwaria
Zebrzydowska
S7
28
JASŁO
papież
Jan Paweł II
LIMANOWA
drewniane kościoły
południowej Małopolski
GORLICE
Karpacka Troja
(Trzcinica)
Skansen
Przemysłu
Naftowego
(Bóbrka)
Babiogórski
Park Narodowy
28
RABKA-
-ZDRÓJ
28
Gorczański
Park Narodowy
NOWY SĄCZ
GRYBÓW
kościół
(Szalowa)
Babia
Góra
7
Rabkoland
87
75
DUKLA
ruiny
zamku
(Czorsztyn)
PIWNICZNA-
-ZDRÓJ
stadnina
koni huculskich
(Regietów)
19
Magurski
Park Narodowy
NOWY TARG
Jezioro
Czorsztyńskie
Pieniński
Park Narodowy
góral
KRYNICA-
-ZDRÓJ
47
zamek
(Niedzica)
na narty
Beskid Niski
Orawa
Pieniny
ZAKOPANE
na narty
BARDEJÓW
Topla
kolejka linowa
(góra Kasprowy Wierch)
Tatry
Poprad
spływ tratwami
(rzeka Dunajec)
Torysa
Tatrzański
Park Narodowy
SŁOWAC
POPRAD

10 0 10 20 30 40 50 kilometrów
KRASNYSTAW
KRAŚNIK
74
ZAWICHOST
dżemy (Dwikozy)
JANÓW LUBELSKI
na grzyby
19
Por
pomnik świerszcza
SZCZEBRZESZYN
74
17
Stare Miasto
ZAMOŚĆ
HRUBIESZÓW
74
ZOSIN
Bug
NOWOWOŁYŃSK
DOŁHOBYCZÓW
Puszcza Solska
ZWIERZYNIEC
Roztoczański Park Narodowy
skansen (Guciów)
STALOWA WOLA
Puszcza Sandomierska
NISKO
BIŁGORAJ
koniki polskie
miód fasolowy
Huczwa
TOMASZÓW LUBELSKI
SANDOMIERSKI
Tanew
BEŁŻEC
TARNOGRÓD
Puszcza Solska
Sołokija
San
77
na grzyby
17
19
LEŻAJSK
HREBENNE
cerkiew (Radruż)
RAWA RUSKA
KOLBUSZOWA
SIENIAWA
LUBACZÓW
lotnisko (Jasionka)
Wisłok
Lubaczówka
BUDOMIERZ
ŻÓŁKIEW
RZESZÓW
A4
ŁAŃCUT
PRZEWORSK
JAROSŁAW
podziemna trasa turystyczna
synagoga (Łańcut)
Muzeum Powozów (Łańcut)
podziemna trasa turystyczna
94
KORCZOWA
JAWORÓW
LWÓW
schrony Linii Mołotowa
fabryka fajek (Przemyśl)
Bolestraszyce
San
19
zamek
PRZEMYŚL
MEDYKA
MOŚCISKA
Wisznia
huta szkła
KRASICZYN
twierdza (Przemyśl)
KROSNO
drewniane cerkwie w regionie Karpat
cerkiew (Ulucz)
cerkiew (Posada Rybotycka)
fabryka dzwonów (Przemyśl)
szkoła szybowcowa (Bezmiechowa)
MIKOŁAJÓW
28
SANOK
KROŚCIENKO
SAMBOR
skansen
Dniestr
ZAGÓRZ
LESKO
synagoga (Lesko)
84
USTRZYKI DOLNE
Wisłok
DROHOBYCZ
Jezioro Solińskie
Dniestr
cerkwie (góry Bieszczady)
zapora (Solina)
STRYJ
węgiel drzewny (góry Bieszczady)
Stryj
kolejka (Cisna)
San
TURKA
Świca
SKOLE
Bieszczadzki Park Narodowy
MaB
Bieszczady
U K R A I N A
J A

Małopolska

Małopolska przyciąga rozmaitością krajobrazów oraz pełnymi uroku miastami i miasteczkami, tajemniczymi ruinami zamków, starymi klasztorami i kościołami, a także malowniczymi drewnianymi kościółkami i cerkwiami. Stolicą regionu jest Kraków, jedno z najczęściej odwiedzanych miast w Polsce. W najwyższych polskich górach – Tatrach żyją kozice, Bieszczady słyną z górskich łąk – połonin, Pieniny z efektownych wapiennych skał i doliny Dunajca, a niższe i starsze Góry Świętokrzyskie to kraina czarownic. Dużą atrakcją regionu są też kopalnie: krzemienia pasiastego sprzed 5 tysięcy lat, stare kopalnie soli działające od ośmiu wieków i najstarsze w świecie kopalnie ropy naftowej. A góralskiego folkloru, czyli tradycji regionalnej, nikomu nie trzeba zachwalać…

Bieszczady

Kraków – Wawel

od A do Z

Bałtowski Park Jurajski niedaleko Ostrowca Świętokrzyskiego powstał gdyż przed laty odkryto tutaj ślady dinozaurów. Można w nim podziwiać naturalnej wielkości modele tych wielkich zwierząt, które żyły na ziemi przed wieloma milionami lat. Największy dinozaur ma 16 metrów długości.

Dinozaur w Bałtowskim Parku Jurajskim

Baranów Sandomierski zwany jest Małym Wawelem ze względu na piękny zamek wzniesiony przed 400 laty.

Bartków, miejscowość koło Zagnańska, w której rośnie słynny Dąb Bartek, jedno z najstarszych polskich drzew. Ma prawie 700 lat.

Bieszczady to kilka pasm górskich w Karpatach na terenie Polski, Ukrainy i Słowacji. Najwyższe części gór porośnięte trawami i kwitnącymi ziołami noszą nazwę połonin, najwyższy szczyt nazywa się Tarnica. Turystów zachwycają drewniane kościoły i cerkwie. Niektóre z nich znajdują się na liście dziedzictwa UNESCO. Ponoć najpiękniej jest w Bieszczadach jesienią.
Za to latem można liczyć na przejażdżkę kolejką wąskotorową, która wyrusza z Cisnej, a także na rekreację nad brzegami Jeziora Solińskiego. Ciekawostką są też wielkie piece do wypalania węgla drzewnego, zwane retortami.
Całe Bieszczady wchodzą w skład rezerwatu biosfery UNESCO Karpaty Wschodnie. Czytaj też opis z następnego hasła: Bieszczadzki Park Narodowy.

Bieszczadzka kolejka na trasie

Połonina Wetlińska

Bieszczadzki Park Narodowy ma największą powierzchnię wśród parków górskich i obejmuje najatrakcyjniejsze obszary Bieszczadów z połoninami, czyli naturalnymi łąkami występującymi ponad granicą lasu. Przez stulecia wypasano na nich owce, bydło i konie, gdyż Bieszczady były gęsto zaludnione! Gdy po II wojnie światowej wsie wysiedlono zostały po nich resztki zabudowań, cmentarze i przydrożne krzyże, a na połoninach znowu pojawiły się naturalnie występujące trawy, zioła i krzewinki. Największe obszary parku porasta puszcza karpacka z bukiem, jodłą, jaworem i domieszką świerka, zaś las świerkowy w ogóle tu nie rośnie. W parku występują rzadko spotykane gatunki fiołków, goździków, arniki, pierwiosnków, rojnika i widłaka alpejskiego. Żyją w nim duże ptaki drapieżne m.in. orły, sowy i puchacze. Chronione są wilki, rysie, żbiki, niedźwiedzie oraz jelenie i żubry. Dość często można spotkać żmiję zygzakowatą, a sporadycznie węża Eskulapa. Wraz z dwoma polskimi parkami krajobrazowymi oraz parkami narodowymi i krajobrazowymi z Ukrainy i Słowacji Bieszczadzki Park Narodowy został uznany za rezerwat biosfery UNESCO pod nazwą Karpaty Wschodnie.

str. 178

Widłak alpejski (*Diphasiastrum alpinum*)

Wilk (*Canis lupus*)

Kopalnia soli w Bochni - szyb Sutoris

Bochnia to miasto z najstarszą w Polsce zabytkową kopalnią soli, którą można zwiedzać. Znajduje się na liście światowego dziedzictwa UNESCO wraz kopalnią soli i Zamkiem Żupnym w Wieliczce. Sól wydobywano w nich już od XIII wieku. Obydwie kopalnie mają pod ziemią setki kilometrów chodników znajdujących się na 9 poziomach. Do dzisiaj zachowały się tam wyrzeźbione w soli ołtarze, kaplice, posągi i inne dzieła sztuki. Wysokie dochody z kopalń w średniowieczu przyczyniły się do rozwoju całej Rzeczypospolitej i królewskiego miasta Krakowa.

Bóbrka. W Skansenie Przemysłu Naftowego znajduje się „kopanka", czyli studnia kopana ręcznie będąca najstarszą na świecie kopalnią ropy naftowej. Wiele jest też

pamiątek po Ignacym Łukasiewiczu – człowieku, który zapoczątkował rozwój przemysłu naftowego na świecie.

Busko-Zdrój to znane uzdrowisko słynące z leczniczych wód.

Chęciny to malownicze miasto w Górach Świętokrzyskich położone pomiędzy pasmem Chęcińskim, a Zelejowskim. Nad nim wznoszą się ruiny zamku z trzema wysokimi wieżami. To pozostałości po ważnej królewskiej warowni sprzed ośmiu stuleci.

Jedna z wież zamku w Chęcinach

Czorsztyn był kiedyś polską twierdzą na granicy z Węgrami wzniesioną nad Dunajcem pomiędzy pięknymi górskimi pasmami: Pieninami i Gorcami. Na przeciwległym brzegu rzeki

Małopolska

Ruiny zamku w Czorsztynie

Węgrzy też wznieśli zamek strzegący ich granicy, w Niedzicy. W będącym obecnie w ruinie zamku w Czorsztynie mieszkał kiedyś sławny rycerz Zawisza Czarny. Pod koniec XX wieku u stóp obu warowni powstał sztuczny zbiornik na Dunajcu – Jezioro Czorsztyńskie.

Dębica znana z produkcji opon samochodowych leży nad Wisłoką.

Dębno. Stary zabytkowy drewniany kościół zbudowano bez użycia gwoździ. Wraz z pięcioma innymi znajduje się na liście światowego dziedzictwa UNESCO (opis obok).

Kościół w Dębnie

Drewniane cerkwie w regionie Karpat znalazły się na liście światowego dziedzictwa UNESCO w 2013 r. Uwzględniono po osiem obiektów w Polsce i na Ukrainie. Polskie świątynie zlokalizowane są w: Radrużu, Chotyńcu, Smolniku, Turzańsku, Powroźniku, Owczarach, Kwiatoniu i Brunarach Wyżnych. Zostały wzniesione od XVI do XIX wieku dla wyznawców prawosławia i grekokatolików.

Cerkiew pw. św. Mikołaja w Radrużu

Reprezentują różne typy architektoniczne. Zwykle wieńczą je namiotowe lub cebulaste hełmy.

Drewniane kościoły południowej Małopolski, wpisane na listę światowego dziedzictwa UNESCO znajdują się w sześciu wsiach: Binarowej, Bliznem, Dębnie (opis obok), Haczowie, Lipnicy Murowanej i Sękowej. To stosunkowo niewielkie

Drewniany kościół w Haczowie

i bardzo urokliwe świątynie, fundowane przez zamożne rodziny szlacheckie. Chociaż najstarszy z kościołów – w Haczowie – pochodzi aż z XIV wieku, zachowały się do dzisiaj w świetnym stanie.

Dunajec to rwąca górska rzeka, na której górale organizują dla turystów spływy tratwami.

Dwikozy, miejscowość koło Sandomierza z fabryką, w której produkuje się smaczne dżemy, powidła i soki jabłkowe.

Góry Świętokrzyskie są bardzo stare ale niezbyt wysokie. Najwyższy szczyt to Łysica (612 m n.p.m.). Przyciągają turystów tajemniczością i bogatą historią pełną legend o diabłach i czarownicach mieszkających np. na Łysej Górze. Szczególnie chętnie są odwiedzane jaskinia Raj oraz rumowiska skalne w paśmie Łysogór, zwane gołoborzami. W Muzeum Przyrodniczym na Świętym Krzyżu można zobaczyć ślady dinozaurów, a w Krzemionkach Opatowskich zwiedzić stare kopalnie krzemienia sprzed prawie 5 tysięcy lat! W Nowej Słupi 2 tysiące lat temu działały piece hutnicze nazywane dymarkami.

Gołoborze na Łysej Górze w Górach Świętokrzyskich

Guciów, niewielki prywatny skansen przy drodze ze Zwierzyńca do Krasnobrodu. Stoją tu chałupy i budynki gospodarskie a dodatkowo można obejrzeć kolekcję skał z Roztocza.

Jaskinia Ciemna na Wyżynie Krakowsko-Częstochowskiej ma długość 230 metrów. Odkryto w niej narzędzia wykonane z krzemienia, używane przez ludzi przed 120 tysiącami lat. Przy wejściu do groty umieszczono rodzinę jaskiniowców.

Jaskinia Ciemna

Małopolska

Jaskinia Łokietka znajduje się w malowniczej dolince pod Krakowem to jedna z najbardziej znanych jaskiń w Polsce o długości 270 metrów.

Jaskinia Raj powstała w pobliżu Kielc. Słynie z bogatej szaty naciekowej. Jest chętnie odwiedzana przez turystów.

Jaskinia Raj

Jaskinia Wierzchowska Górna to największa grota na Wyżynie Krakowsko-Częstochowskiej. Zorganizowano w niej podziemną trasę o długości prawie 1 kilometra. Przy wejściu umieszczono postacie mieszkających tu niegdyś zwierząt, takich jak niedźwiedź jaskiniowy, renifer i hiena.

Zapora wodna na Zbiorniku Czorsztyńskim

Jezioro Czorsztyńskie to sztuczny zbiornik wodny na Dunajcu, który zaraz po zbudowaniu ratował okolicę przed zalaniem w czasie wielkiej powodzi w 1997 roku. Warto zwiedzić zaporę i elektrownię oraz zamki w Niedzicy i Czorsztynie.

Jezioro Solińskie powstało na Sanie. Ze względu na ilość wody to największy sztuczny zbiornik w Polsce. W jego wodach przeglądają się Bieszczady co dodaje szczególnego uroku w czasie przejażdżek kajakami, żaglówkami lub statkiem.

Jędrzejów. W tutejszym Muzeum Zegarów zgromadzono ponad 600 zegarów. To jeden z największych zbiorów tego typu na świecie. Dodatkową atrakcją Jędrzejowa w sezonie letnim jest ciuchcia Express Ponidzie kursująca do Pińczowa.

Kalwaria Zebrzydowska nazywana jest często polską Jerozolimą. Pielgrzymkowe założenie tworzą: bazylika i klasztor ojców bernardynów, 42 kaplice i kościoły oraz dróżki symbolizujące mękę Chrystusa i życie Matki Boskiej. Obiekty wybudowano na wzór znajdujących się w Ziemi Świętej, a poszczególnym miejscom nadano nazwy z Jerozolimy np. Golgota czy Syjon. Do Kalwarii pielgrzymuje wiele osób. Jest to drugie, po Jasnej Górze, najczęściej odwiedzane przez pielgrzymów, miejsce w Polsce, zwłaszcza przed Wielkanocą gdy odbywają się tu wspaniałe uroczystości religijne. Kalwaria została umieszczona na liście światowego dziedzictwa UNESCO.

Krzemionki Opatowskie – kopalnie krzemienia pasiastego

Kraków patrz str. 135

Krzemionki Opatowskie słyną z najstarszych w Polsce kopalni, w których wydobywano krzemień przed prawie pięcioma tysiącami lat. Obecnie krzemień pasiasty jest cenionym w jubilerstwie materiałem, a poza Polską nigdzie indziej nie pozyskiwanym.

Kalwaria Zebrzydowska – Klasztor oo. Bernardynów – Sanktuarium Bazylika Matki Bożej Anielskiej

Kielce to stolica Gór Świętokrzyskich i całego regionu. W samym centrum tego dużego miasta znajduje się niezwykły rezerwat geologiczny Kadzielnia z amfiteatrem.

Kurozwęki, miejscowość z pałacem. W pobliżu – na terenach dawnego majątku – hoduje się najprawdziwsze bizony. W karcie dań w pałacowej restauracji znajdują się nawet potrawy z mięsa bizona.

Małopolska

Lipnica Murowana to wieś słynąca z konkursu na najwyższą palmę wielkanocną. Rekordzistka miała ponad 27 metrów.

Łańcut zachwyca pałacem i powozownią z zabytkowymi karetami, bryczkami i innymi pojazdami konnymi. Można je nie tylko oglądać ale i wybrać się nimi na przejażdżkę.

Łysa Góra jest drugim co do wysokości szczytem Gór Świętokrzyskich. I choć znajduje się na nim klasztor zakonu benedyktynów słynie z legend o czarownicach.

Niedzica ściąga turystów za sprawą wspaniałego zamku Dunajec położonego na wzgórzu usytuowanym tuż nad Jeziorem Czorsztyńskim. Kiedyś odgrywał on rolę przygranicznej warowni węgierskiej na granicy z Polską. W jego bogatą historię wpleciona jest tajemnica skarbu południowoamerykańskich Inków.

Jezioro Czorsztyńskie i zamek Dunajec w Niedzicy

Zamek w Nowym Wiśniczu

Nowy Wiśnicz. Zamek wyglądający niczym z bajki ma baszty na czterech rogach a wewnątrz piękny dziedziniec.

Ogrodzieniec to zamek po którym zostały już tylko malownicze ruiny. Znajdują się w Podzamczu koło Ogrodzieńca. Sylwetka tych potężnych ruin znajduje się na odznace Polskiego Towarzystwa Krajoznawczego.

Ruiny zamku w Ogrodzieńcu

Ojcowski Park Narodowy leży blisko Krakowa i choć jest najmniejszy w Polsce, to na tym małym obszarze natura stworzyła prawdziwe cuda w skałach wapiennych. W dwóch dolinach rzecznych są małe wąwozy z tarasami, stożkami oraz skałkami w postaci iglic, maczug czy bram. Z kolei wyżej położony bardziej płaski teren urozmaicają fantazyjne ostańce skalne. Igła Deotymy to skała z dziurką ustawiona bardzo ostrym zakończeniem ku górze, Brama Krakowska ma kształt łuku, a Maczuga Herkulesa kojarzy się ze zbójecką bronią.

Ojcowski Park Narodowy – Maczuga Herkulesa

str. 170

Małopolska

Według legendy, ustawił ją diabeł, który wykonywał rozkaz czarnoksiężnika Twardowskiego.

Brama Krakowska

Na terenie parku w wapiennych skałach jest około 600 jaskiń, w których mieszkają i zimują nietoperze. Dlatego też w godle parku umieszczono sylwetkę nietoperza. W okolicy występuje aż 17 spośród 21 gatunków tych zwierząt żyjących w Polsce. Najbardziej znanymi ojcowskimi jaskiniami są: Łokietka i Ciemna – udostępnione do zwiedzania oraz Wierzchowska Górna.

„Sala Rycerska" w Jaskini Łokietka

W przeszłości jaskinie zamieszkiwał człowiek prehistoryczny. W parku panuje specyficzny i zmienny mikroklimat, podobny do górskiego, zależny od wysokości i nachylenia terenu, położenia względem stron świata oraz roślinności. Tym można wytłumaczyć wielką różnorodność roślin ustępującą bogactwem jedynie Tatrom i Pieninom. Rośnie tu około 1000 gatunków, w tym rzadko spotykana brzoza ojcowska i najokazalszy z polskich storczyków. Popularnymi atrakcjami turystycznymi są również zamki w Ojcowie i Pieskowej Skale.

Oświęcim jest uznawany za największą „fabrykę śmierci" z czasów II wojny światowej. W niemieckim nazistowskim obozie koncentracyjnym i zagłady Auschwitz-Birkenau życie straciło aż 1,5 miliona ludzi!

Umieszczono go na liście światowego dziedzictwa UNESCO jako przestrogę dla następnych pokoleń i reprezentanta wszystkich obozów zagłady z tamtych strasznych czasów.

Pacanów nosi zaszczytny tytuł europejskiej stolicy bajki. Świętokrzyską wieś rozsławił sympatyczny, nieco gapiowaty

koziołek, zwany Koziołkiem Matołkiem, którego w swoich utworach dla dzieci opisał Kornel Makuszyński. W Pacanowie odbywa się ogólnopolski Festiwal Kultury Dziecięcej.

Pieniny to jedno z najpiękniejszych pasm górskich zbudowane z białych skał wapiennych. Ich najbardziej znanym szczytem są Trzy Korony, a najwyższym – znacznie mniej efektowna – Wysoka. Niezapomnianych przeżyć w Pieninach dostarczają spływ tratwami Dunajcem lub wyprawa do wąwozu Homole. Czytaj też opis z następnego hasła: Pieniński Park Narodowy.

Pieniński Park Narodowy – najstarszy w Polsce, jest tylko nieco większy od najmniejszego. Obejmuje najpiękniejsze obszary wapiennych Pienin, które tworzą malownicze, niemal pionowe białe ściany opadające ku Dunajcowi płynącemu w skalnym kanionie. Tym odcinkiem rzeki spływa się tratwami – to atrakcja w skali europejskiej.
Najbardziej znanym szczytem są Trzy Korony (982 m n.p.m.).

str. 188

Trzy Korony w Pieninach

Na różnorodność krajobrazów wpływa też z mikroklimat zapewniający bogactwo roślin i zwierząt. Obok siebie mogą rosnąć gatunki z południa Europy, wybitnie ciepłolubne i wysokogórskie typowe dla klimatu zimnego i wilgotnego. Choć ponad 70% powierzchni parku zajmują lasy z bukiem, jodłą i jaworem, to o wyjątkowości Pienin stanowią łąki, jedne z najbogatszych zbiorowisk roślinnych w kraju, zawdzięczające swoje powstanie... człowiekowi. Rosną na nich m.in. liczne gatunki storczyków i żyją wspaniałe kolorowe motyle. Są też dwie rośliny niewystępujące nigdzie indziej: pszonak i mniszek pieniński. Na szczycie Sokolicy

Pszonak (*Erysimum odoratum*)

rosną najstarsze sosny liczące ponad 500 lat. Są karłowate o niepozornych obwodach – zaledwie kilkudziesięciocentymetrowych. Przypuszcza się, że w Pieninach żyje około 13 tysięcy gatunków zwierząt, czyli połowa wszystkich występujących w Polsce!

Zamek w Pieskowej Skale

Pieskowa Skała. To zamek obronny położony na terenie Ojcowskiego Parku Narodowego. Gdy go budowano przed sześcioma wiekami pełnił funkcję głównie obronną, jak wszystkie inne zamki Wyżyny Krakowsko-Częstochowskiej nazywane Orlimi Gniazdami. Potem przebudowano go na okazałą rezydencję, bardzo malowniczo wkomponowaną w skalne zbocza. Dzisiaj mieści się w nim muzeum.

Przemyśl to zabytkowe miasto położone nad Sanem. W całej Europie znane jest z produkcji dzwonów i fajek. W mieście i okolicy w XIX wieku wzniesiono potężne fortyfikacje, czyli Twierdzę Przemyśl – trzecią pod względem wielkości w Europie.

Rabka-Zdrój to znane górskie uzdrowisko z wieloma atrakcjami dla dzieci m.in. z parkiem rozrywki – Rabkolandem i muzeum rzeczy dziwnych, niezwykłych i rekordowych. W Rabce ma swój dom i pocztę Święty Mikołaj! Można do niego napisać list i wysłać mejl. Przed dworcem kolejowym stoi jego pomnik. W Chabówce koło Rabki można zobaczyć stare lokomotywy i wagony.

Pomnik Świętego Mikołaja w Rabce

Roztoczański Park Narodowy ma w herbie konika polskiego, potomka dzikich tarpanów sprowadzonych przez kanclerza Jana Zamoyskiego na przełomie XVI i XVII wieku. W 1806 roku konie rozdano okolicznym chłopom, którzy krzyżowali je ze swoimi końmi roboczymi i w ten sposób powstała nowa rasa – konik polski.

Konik polski

W 1982 roku sprowadzono je do parku i rozpoczęto hodowlę. Można je oglądać w okolicach stawów Echo, w pobliżu Zwierzyńca. Charakterystyczne w krajobrazie parku są rozległe doliny oraz samotne wapienne wzgórza. Specyficzny klimat Roztocza, kształtowany pod wpływem ciepłych i zimnych mas powietrza, umożliwił występowanie różnorodnych roślin: ciepłolubnych, północnych, górskich i sucholubnych. Aż 95% powierzchni stanowią lasy, w których dominują buki.

str. 172

Stawy Echo w Zwierzyńcu

Małopolska

W parku rośnie wiele drzew pomnikowych m.in. jaworów, grabów oraz jodeł osiągających imponujące rozmiary. Żyją: jelenie, sarny, dziki, wilki oraz łosie, a od 1979 roku znowu mieszkają bobry.

Roztocze to kraina uroczych wąwozów, porośniętych lasem wzgórz oraz niewielkich wodospadów na rzekach, zwanych szumami.

Szumy na rzece Tanew

Nie ma tu dużych, przemysłowych miast, dlatego powietrze i wody są czyste. Najlepszym sposobem na poznanie Roztocza są loty turystyczne z lotniska Mokre koło Zamościa. Najpiękniejsze części tej krainy są chronione w Roztoczańskim Parku Narodowym.

Sandomierz patrz str. 140

Sanok to stare miasto nad Sanem z dużym skansenem, w którym można zobaczyć małopolski rynek, sprzęty ratowników górskich oraz to co zwykle w muzeach prezentujących kulturę wsi na wolnym powietrzu: drewniane chałupy, kościoły, wiejską szkołę, karczmę, młyn wodny, wiatraki i kuźnię. W tutejszym zamku jest kolekcja ikon oraz wystawa prac słynnego malarza Zdzisława Beksińskiego.

Stary Sącz to miasto z pięknymi starymi domami i klasztorem klarysek założonym ponad 700 lat temu przez księżną Kingę. W jego zbiorach są cenne rękopisy muzyczne i turecki sztandar podarowany przez króla Jana III Sobieskiego po zwycięstwie pod Wiedniem.

Szczebrzeszyn ma nazwę trudną do wymówienia. Miasto rozsławił pewien chrząszcz z wiersza Jana Brzechwy. Stoi tu jednak pomnik nie chrząszcza, a świerszcza grającego na skrzypcach.

Tarnów to stare miasto z zachowanymi fragmentami murów obronnych. W Muzeum Etnograficznym można zobaczyć kolorowe wozy cygańskie. To pamiątka po cyganach, których wielu żyło kiedyś w Tarnowie.

Pomnik świerszcza w Szczebrzeszynie

Tatry są naszymi najwyższymi górami. W tym paśmie znajduje się najwyższy szczyt w Polsce – Rysy. Jego wysokość wynosi prawie 2 i pół kilometra. Wiosną, w dolinach, kwitną liliowe krokusy, a latem na zboczach można zobaczyć chronione szarotki. W Tatrach żyją kozice i świstaki, a czasem można nawet spotkać niedźwiedzia. W najwyższej części gór są liczne górskie jeziora z najpiękniejszym, zwanym Morskim Okiem. W niższej części Tatr woda wydrążyła wiele jaskiń. Największą z nich, Wielką Jaskinię Śnieżną, można zwiedzać.
W Tatrach wolno poruszać się tylko po specjalnie oznakowanych szlakach turystycznych. Można też wjechać kolejką linową na szczyt – Kasprowy Wierch. Całe polskie Tatry obejmuje Tatrzański Park Narodowy, który jest częścią rezerwatu biosfery UNESCO. Czytaj też opis z następnego hasła: Tarzański Park Narodowy.

Tatry – droga z Czerwonych Wierchów w stronę Kasprowego Wierchu

MAB Tatrzański Park Narodowy

chroni jedyny w kraju fragment wysokich gór. Ich najbardziej charakterystyczne elementy to: skaliste kanciaste szczyty, doliny, górskie jeziora (np. Morskie Oko), potoki, wodospady, jaskinie (ponad 650!) i skałki.
Niezwykle bogatą szatę roślinną tworzy około 1000 gatunków, z czego 89 występuje wyłącznie w Tatrach, a ich symbolem jest

str. 190

szarotka alpejska. Dość łatwo można wyróżnić piętra roślinne powstałe z powodu zmieniających

Szarotka alpejska (*Leontopodium alpinum*)

się wraz ze wzrostem wysokości warunków klimatycznych. Ponad polami i miejscowościami występują lasy i bory z jodłami i bukami. Powyżej, rosną niemal tylko świerki. Jeszcze wyżej króluje kosodrzewina. Przedostatnie piętro w krajobrazie tworzą hale, czyli górskie łąki sięgające do ok. 2200 m n.p.m.

Hala Gąsienicowa

Mimo, że średnia roczna temperatura wynosi tam zaledwie -2°C, występuje tam aż 360 gatunków roślinności. Szczyty gór tworzą piętro turni, ze średnią temperaturą roczną -4°C. Śnieg zalega tam przez 290 dni a rośnie aż 120 gatunków roślin! Wraz z parkiem narodowym obejmującym słowackie Tatry Tatrzański Park Narodowy został uznany za rezerwat biosfery UNESCO.

Tokarnia słynie ze skansenu, w którym można obejrzeć wiejskie drewniane chałupy, stodoły, wiatraki, spichlerze i kuźnię, a nawet niewielkie miasteczko.

Skansen w Trzcinicy

Trzcinica koło Jasła jest odpowiednikiem wielkopolskiego Biskupina na Podkarpaciu. Skansen archeologiczny Karpacka Troja łączy zalety tradycyjnego muzeum na wolnym powietrzu z nowoczesnymi technikami stosowanymi w muzealnictwie, które przyciągają młodzież.

Zrekonstruowano tu wioski z początków epoki brązu oraz słowiańską z wczesnego średniowiecza. W nowoczesnym pawilonie wystawowym są liczne atrakcje dla dzieci m.in. serwowane są potrawy przygotowane w oparciu o dawną sztukę kulinarną.

Kaplica świętej Kingi w Wieliczce

Tyniec to obecnie część Krakowa. Na wapiennym wzgórzu wznosi się klasztor zakonników benedyktynów.

Ujazd zdobią okazałe ruiny zamku Krzyżtopór. Nazwa pochodzi od krzyża i topora wykutych w kamieniu nad bramą zamkową.

Wadowice – rodzinne miasto papieża Jana Pawła II – przyciąga wielu przyjezdnych. W mieszkaniu gdzie się urodził i mieszkał Karol Wojtyła działa muzeum.

Wadowice – dom rodzinny Karola Wojtyły

Wieliczka to miasto koło Krakowa które znalazło się wśród pierwszych 12 obiektów wpisanych na prestiżową listę światowego dziedzictwa UNESCO w 1978 roku. W 2013 roku ten wpis rozszerzono o zabytkową kopalnię soli w Bochni (nieco nawet starszą niż kopalnia w Wieliczce) i Zamek Żupny w Wieliczce. Pod ziemią na dziewięciu poziomach chodników można podziwiać komory i kaplice wykute w soli. Najpiękniejsza i największa jest kaplica świętej Kingi. W podziemnym sanatorium leczy się choroby układu oddechowego.

Wiślica to bardzo stara miejscowość z zabytkowym kościołem, w podziemiach którego odkryto starą posadzkę wykonaną z gipsu. Do dziś pozostaje zagadką, w jaki sposób wyryto na niej wizerunki ludzi gdyż ma dużą powierzchnię, a gips szybko zastyga.

Małopolska

Zakopane, niekwestionowana górska stolica Polski z kolejkami górskimi, skocznią i wyciągami narciarskimi. Ukochane miasto górali i turystów oferujące pyszne owcze sery, zwane oscypkami. Tu na Podhalu folklor góralski jest odczuwany na każdym kroku.

Oscypki

Zalipie, wieś słynąca z malowanych chat. Malowane kwiaty można spotkać także na stodołach, studniach, kapliczkach, a nawet na budach dla psów. Będąc tutaj, trzeba odwiedzić zagrodę Felicji Curyłowej, malowaną od zewnątrz i w środku. To właśnie pani Felicja zapoczątkowała tę piękną tradycję zdobienia wiejskich obejść.

Zamość patrz str. 142

Zwierzyniec. Nazwa miasta pochodzi od dawnego rezerwatu zwierząt łownych założonego przez Jana Zamoyskiego. Kiedyś żyły w nim m.in. małe dzikie konie – tarpany, które już całkowicie wyginęły. Dziś nad stawami Echo można zobaczyć koniki polskie, które są potomkami tarpanów i koni. Zwierzyniec był nawet siedzibą Ordynacji Zamojskiej. W mieście na sztucznej wyspie stoi urokliwy kościółek. Niedaleko jest też budynek zabytkowego, nadal działającego, browaru.

Zwierzyniec – kościółek na wyspie

Spacerkiem po…

Kraków to dawna stolica Polski. Miasto pełne magii i uroku z mnóstwem zabytkowych kamienic, kościołów, muzeów i pałaców. Na wawelskim wzgórzu stoją królewski zamek i katedra. W Krakowie jest też stary i znany Uniwersytet Jagielloński, gdzie studiowali sławny astronom Mikołaj Kopernik oraz Karol Wojtyła, późniejszy papież Jan Paweł II. Turyści chętnie spacerują po zaułkach królewskiego Starego Miasta, które uznano za obiekt światowego dziedzictwa UNESCO i pomnik historii.
Na naszej trasie znajdują się:

1 **Barbakan i Brama Floriańska**. Obie budowle wraz z sąsiednimi basztami i fragmentami murów obronnych są pozostałością dawnych fortyfikacji. Na miejscu reszty zburzonych murów powstały sławne krakowskie Planty, czyli park miejski otaczający stare miasto. Wejścia na starówkę strzeże Brama Floriańska otwierająca ulicę o tej samej nazwie.

Dom Jana Matejki 2 stoi na ulicy Floriańskiej 41. Obecnie jest w nim muzeum poświęcone najbardziej znanemu polskiemu malarzowi.

Rynek Główny 3 to jeden z największych placów miejskich na świecie. Góruje nad nim **Kościół Mariacki** 4, który ma dwie wysokie, różnej wysokości wieże. Z wyższej co godzinę grany jest hejnał mariacki. Jego dźwięk urywa się w pewnej chwili przypominając historię hejnalisty, który trąbiąc zginął trafiony tatarską strzałą. Chciał w ten sposób ostrzec mieszkańców Krakowa przed zbliżającym się wrogiem.

Ołtarz Wita Stwosza w Kościele Mariackim

Wewnątrz kościoła znajduje się najbardziej znany w Polsce ołtarz wyrzeźbiony w drewnie przez Wita Stwosza. Jest uroczyście otwierany o godzinie 12.00. W czasie remontu za ołtarzem znaleziono żółtą ciżemkę, czyli but, który być może należał do najmłodszego pomocnika mistrza Stwosza.

Małopolska

5 **Pomnik Adama Mickiewicza** to ulubione miejsce krakowian i turystów przed kościołem. Wokół stoją kolorowe stragany krakowskich kwiaciarek.

Sukiennice **6**, czyli dawne kramy, gdzie sprzedawano sukno stoją na środku rynku.
Na piętrze mieści się oddział Muzeum Narodowego z bardzo nowoczesną Galerią Sztuki Polskiej XIX wieku ze szklanymi ekranami, dzięki którym odwiedzający ma wrażenie, że znalazł się w świecie sprzed 130 lat. W salach są dwa najbardziej znane obrazy Jana Matejki – *Bitwa pod Grunwaldem* i *Hołd Pruski*. W Sukiennicach można kupić różne pamiątki z Krakowa. Stąd można wejść do zorganizowanej w 2010 roku podziemnej trasy turystycznej. Znajduje się tam ekspozycja stała i czasowa łącząca prezentację archeologicznych eksponatów (najstarsze są z XI wieku) z widowiskiem multimedialnym. Pokazuje ona wielowiekową tradycję i kulturalną rolę miasta odgrywającego ważną rolę zwłaszcza w średniowiecznej Europie. Odtworzono historię i życie codzienne Krakowa przez przedstawienie warsztatów różnych rzemieślników oraz pracy kupców, karczmarzy i dawnych „bankierów".

Wieża Ratuszowa **7** na rynku to pamiątka po rozebranym Ratuszu. Z jej szczytu można podziwiać cały Kraków.

Barbakan i Brama Floriańska (z lewej)

Krakowski Rynek z Sukiennicami i pomnikiem Adama Mickiewicza

Małopolska

8 Kościół świętych Piotra i Pawła przy ul. Grodzkiej zdobią stojące na murze posągi 12 apostołów.

Bryła kościoła. Widok z Wawelu

Kościół świętego Andrzeja 9 również przy ul. Grodzkiej został wzniesiony z kamienia 900 lat temu jako budowla obronna. W jego skarbcu przechowywane są bardzo stare figurki, które stawiano w szopce w okresie świąt Bożego Narodzenia.

Wawel – na zamkowym dziedzińcu odbywały się turnieje rycerskie

Wzgórze wawelskie 10 z Zamkiem Królewskim, katedrą i Smoczą Jamą. Wawelski zamek był przez wieki siedzibą władców Polski. Zwiedzający mogą podziwiać pięknie umeblowane królewskie komnaty. Ich ściany zdobią sławne wawelskie tkaniny, zwane arrasami.

Wawelski arras

Warto zajrzeć też do Zbrojowni, Skarbca i katedry, w której byli koronowani prawie wszyscy polscy królowie i królowe oraz odbywały się ich uroczyste pogrzeby.
We wnętrzu stoją marmurowe nagrobki króla Władysława Jagiełły i młodziutkiej królowej Jadwigi. W podziemiach znajdują się groby większości polskich królów i bohaterów narodowych takich jak np. Józef Piłsudski, obok którego w kwietniu 2010 r. pochowano tragicznie zmarłych w katastrofie lotniczej Lecha i Marię Kaczyńskich – prezydenta Polski z żoną. Kopuła pięknej kaplicy Zygmuntowskiej, pokryta płatkami czystego złota kryje potężny dzwon Zygmunta – jeden z największych w Polsce.
Waży 18 ton i bije tylko podczas najważniejszych wydarzeń w naszym kraju.

Dzwon Zygmunta

Ze wzgórza wawelskiego warto zejść schodami do **Smoczej Jamy**, gdzie w skalnej pieczarze mieszkał podobno smok pożerający ludzi i zwierzęta. Przy wejściu do katedry wiszą wielkie kości zwierząt żyjących w bardzo odległych czasach na wzgórzu wawelskim. Legenda mówi, że są to właśnie kości smoka, którego zgładził dzielny szewczyk. Dziś rzeźbę ziejącego ogniem smoka można podziwiać przed jego jaskinią. 11

Smok wawelski

Małopolska

Spacerkiem po…

Sandomierz nad Wisłą w przeszłości był jednym z największych i najważniejszych polskich miast. To dlatego do naszych czasów przetrwało tak wiele okazałych budowli świadczących o jego niegdysiejszej randze. Wielką atrakcją Sandomierza jest też podziemna trasa turystyczna.

Brama Opatowska (1) chroniła niegdyś wjazd do grodu od strony Opatowa właśnie. Dzisiaj wieża nad bramą jest doskonałym punktem widokowym nie tylko na starówkę. Ulica Opatowska prowadzi prosto do rynku.
Na środku rynku uwagę przykuwa **ratusz** (2) z białą wieżą. O godzinie 12 grany jest z niej sandomierski hejnał. W budynku mieści się muzeum, w którym można obejrzeć wielki miecz katowski i podróżną

Collegium Gostomianum

koronę króla Kazimierza Wielkiego nakładaną na hełm. W tutejszym Urzędzie Stanu Cywilnego można też wziąć ślub. Przy ratuszu jest też wyjście z podziemnej trasy turystycznej. Aby wejść do sandomierskich podziemi trzeba podejść do ulicy Oleśnickich.

Z rynku warto udać się w kierunku południowym by ulicami Mariacką i Długosza dotrzeć do jednej z najstarszych szkół w naszym kraju **Collegium Gostomianum** 3. Istnieje już od ponad 400 lat.

Dom Długosza

Po sąsiedzku, przy ulicy Długosza stoi **Dom Długosza** 4 – nauczyciela królewskich synów. Działa w nim oddział muzeum diecezjalnego z bardzo cennymi zbiorami stanowiącymi niegdyś wyposażenie sandomierskich świątyń m.in. podarkami króla Władysława Jagiełły i pamiątkowymi rękawiczkami królowej Jadwigi.

Przy ulicy Mariackiej stoi zabytkowa **Katedra Narodzenia Najświętszej Maryi Panny** 5 – najważniejszy kościół Sandomierza – siedziba biskupa. Sześć wieków temu ufundował ją właśnie król Kazimierz Wielki. Malowidła na ścianach przedstawiają sceny z Biblii, a wielkie obrazy – z historii miasta.

Podobnie okazały jest zbudowany z cegły **kościół świętego Jakuba** 6 znajdujący się w pobliżu zamku i pięknego **Wąwozu Królowej Jadwigi** 7, w którym – jak głosi legenda – utknęły kiedyś sanie z monarchinią.

Wąwóz Królowej Jadwigi

Małopolska

Spacerkiem po...

Zamość został założony przez magnata Jana Zamoyskiego jako stolica jego rozległych posiadłości – Ordynacji Zamojskiej.
Był twierdzą przygotowaną do obrony granic przed najazdami Tatarów i Kozaków. Do dziś zachowały się bramy i bastiony. Przez umocnienia obronne prowadzi trasa turystyczna. Zabytkowy układ miasta jest świetnie zachowany więc zamojską starówkę wpisano na listę światowego dziedzictwa UNESCO.

Na Rynku Wielkim stoi wspaniały **ratusz** 1. Codziennie w południe

Zamość – ratusz

z wysokiej wieży grany jest na trąbce hejnał w trzy strony świata. Rynek otaczają bogato zdobione kamieniczki. W czterech mieści się **Muzeum Ziemi Zamojskiej** 2.

W kaplicy pobliskiej Katedry Zmartwychwstania Pańskiego i św. Tomasza Apostoła 3

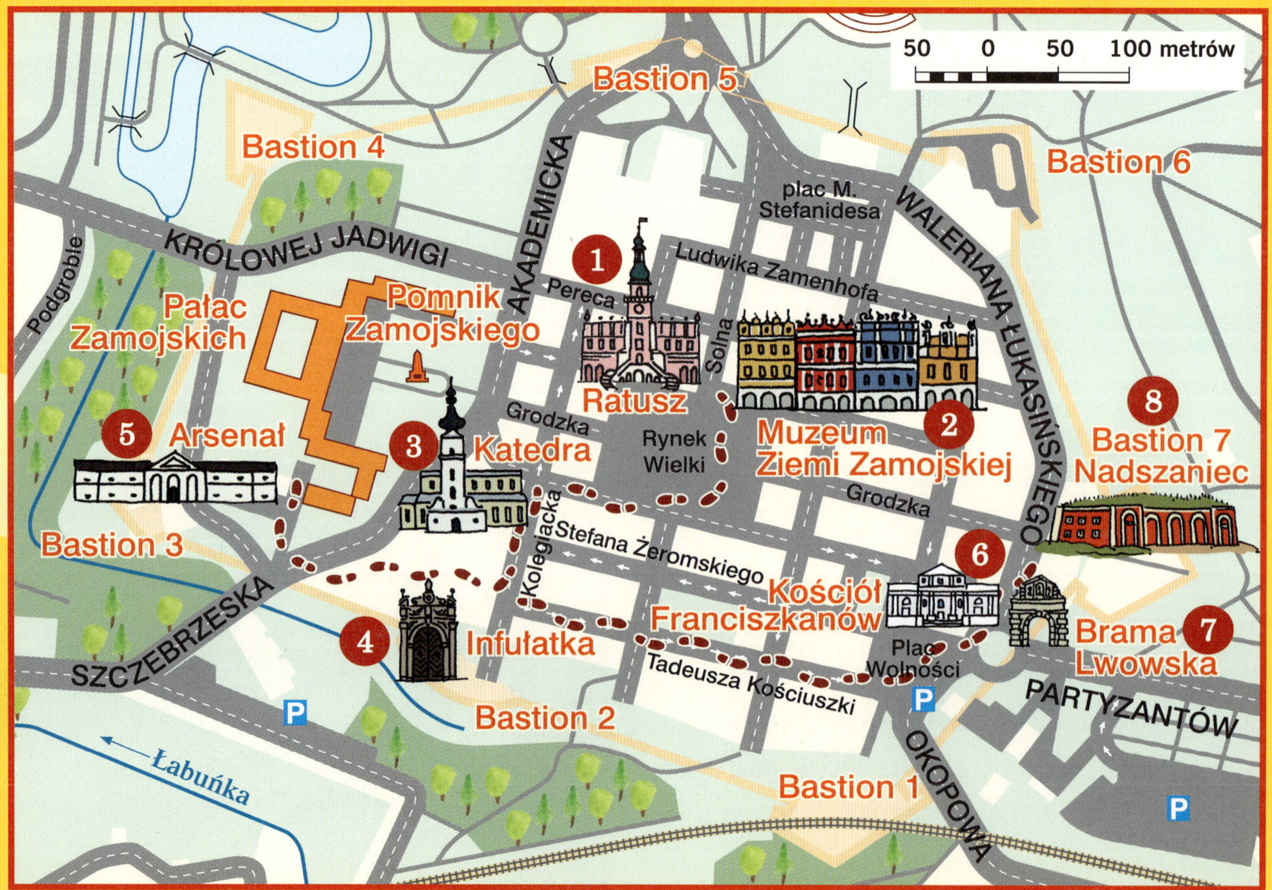

znajduje się **nagrobek** założyciela miasta – **Jana Zamoyskiego**, a w jej podziemiach pozostałych członków rodu Zamoyskich. Z wysokiej dzwonnicy rozciąga się wspaniały widok na miasto. W sąsiednim budynku – **Infułatce** (4) jest muzeum z kolekcją szat i sprzętów liturgicznych oraz portretami właścicieli Zamościa. Stąd tylko kilka kroków do ulokowanego obok jednego z bastionów dawnego **Arsenału** (5), gdzie gromadzono kiedyś broń. Obecnie można w nim oglądać działa i karabiny maszynowe, szable oraz prawdziwy helikopter, czołg i samolot gdyż zorganizowano tu Muzeum Barwy i Oręża.

Czołg T-34

Po przejściu ulicą Kościuszki do placu Wolności docieramy do **kościoła Franciszkanów** (6), który przez ponad 200 lat

Kościół Franciszkanów

(do 1993 roku) nie pełnił funkcji świątyni. W związku z tym uległ przebudowom zniekształcającym jego pierwotne założenia m.in. poprzez usunięcie wież i obniżenie dachów. Tymczasem pierwotnie był nawet większy i wyższy niż zamojska katedra.
Obok jest **Brama Lwowska** (7) zamykająca ulicę Partyzantów. Zaś przy ulicy W. Łukasińskiego znajduje się **Bastion 7** (8) zwany Nadszańcem, przy którym rozpoczyna się trasa turystyczna po zamojskich fortyfikacjach.

Bastion 7

Małopolska

Legendy

Legenda o śpiących rycerzach

Od najdawniejszych czasów górale opowiadają legendę o śpiących rycerzach w Giewoncie. Podobno widział ich pewien gazda z Kościeliska, Kuba, który był najlepszym kowalem w całej okolicy. Pewnego dnia przyszedł do niego jakiś stary człowiek i powiedział, że jest do podkucia kilkaset koni. Gazda zdziwił się, ale jednocześnie ucieszył, że będzie mógł dobrze zarobić. Zabrał narzędzia i poszedł ze starcem.

– A gdzie są konie, które mam podkuć? – zapytał Kuba.

– Pod Giewontem – odrzekł starzec.

Kuba znał dawną opowieść o wojsku uśpionym w głębi Giewontu, ale nie podejrzewał, że właśnie tam podąża. Gdy znaleźli się u podnóża góry, rozległ się potężny grzmot. Skała się przesunęła, ukazując wejście do jaskini.

Kuba czuł, jak mocno bije mu serce. Bał się, ale poszedł krętymi korytarzami za swoim przewodnikiem.

Trafili w końcu do wielkiej sali, gdzie spali rycerze oparci o ściany. Było ich tak wielu, że Kuba nie potrafił policzyć. W sali obok stały konie – to właśnie one były do podkucia. Kuba pracował długo i wytrwale, aż wszystkie zwierzęta miały nowe podkowy. Stary pochwalił kowala, zapłacił mu złotem i spojrzał na swoje wojsko. Nagle jeden z rycerzy wstał i zapytał:

– Czy już czas?

– Nie, jeszcze nie czas, ale konie już podkute.

Śpijcie jeszcze – odpowiedział stary człowiek. Zdziwiony Kuba zapytał tylko, kiedy wojsko wstanie. Usłyszał, że gdy przyjdą złe czasy dla kraju, rycerze się przebudzą i ruszą na ratunek.

Kiedy wyszedł z jaskini, usłyszał grzmot. Skała zasunęła się, nie pozostawiając śladu.

Już nigdy nie udało się Kubie ani żadnemu człowiekowi odnaleźć groty, w której śpiące wojsko czeka na znak, aby wyruszyć na ratunek ojczyźnie.

Ochrona przyrody w Polsce

Najstarsza wzmianka o ochronie przyrody pochodzi z Chin sprzed 3000 lat. W Polsce pierwsze ograniczenia dotyczące polowań na bobry wprowadzono już za panowania Bolesława Chrobrego.

Z kolei Władysław Jagiełło objął ochroną tura, przodka bydła domowego. W celu bardziej skutecznej ochrony pod koniec XIX w. na terenie Polski zaczęto zakładać pierwsze rezerwaty przyrody. W odrodzonej Polsce, w 1921 roku z inicjatywy profesora Władysława Szafera, powstał rezerwat dla ochrony łąk wokół ruin Zamku w Czorsztynie. 1 czerwca 1932 r. z rezerwatu oraz przyległych terenów utworzono „Park Narodowy w Pieninach" – pierwszy w Polsce. Peniński park jest więc najstarszy a najmłodszym parkiem jest Park Narodowy Ujście Warty powołany w 2001 r.

Obecnie na ochronę obszarową w Polsce składają się: 23 ***parki narodowe***, 122 ***parki krajobrazowe***, liczne ***obszary chronione*** (natura 2000, użytki ekologiczne, obszary chronionego krajobrazu i in.), 1486 ***rezerwatów***. Ogółem obszary objęte prawną ochroną zajmują ponad 30% powierzchni kraju.

23 parki narodowe zajmują zaledwie 1% powierzchni kraju. Przeważnie mają charakter leśny, gdyż aż 62% ich powierzchni zajmują lasy. Wyjątek stanowią parki: Słowiński, Narwiański, Ujście Warty i Biebrzański. Ten ostatni, o powierzchni 59 223 ha, jest największy. Najmniejszy to Ojcowski Park Narodowy, liczący 2146 ha.

Niektóre szczególne cenne tereny w naszym kraju wpisano na międzynarodowe listy lub wytyczono na podstawie międzynarodowych konwencji. W 1970 r. na konferencji ***UNESCO*** sformułowano program ***M&B*** (Man and Biosphere – „Człowiek i biosfera"). Celem programu jest zachowanie w ekosystemach naturalnych, różnorodnych zespołów roślinnych i zwierzęcych. Szczególnie istotna jest ochrona genetycznej różnorodności gatunków, od których zależy ich ciągła ewolucja. Wyodrębniono obszary nazywane ***rezerwatami biosfery UNESCO***. Dziewięć z nich znajduje się na terenie Polski. Przeważnie obejmują swoim zasięgiem tereny parków narodowych wraz z otulinami.

Przewodnik po parkach narodowych

zawiera opis wszystkich parków w następującej kolejności:

ciąg dalszy na stronie 192

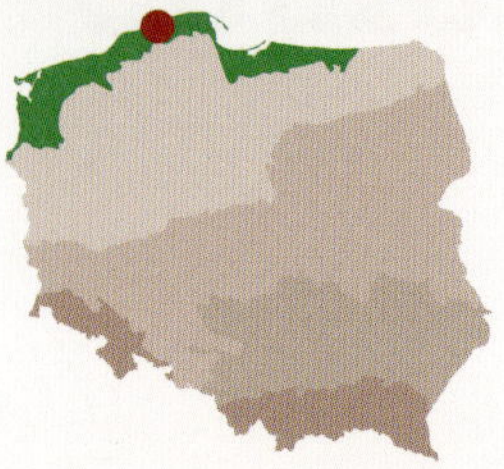

Słowiński Park

Powierzchnia całkowita/ w tym ochrona ścisła	32 744 ha/ 5929 ha
Unikalne walory i charakter środowiska	Wydmy ruchome, jeziora przymorskie, bagna, torfowiska, łąki, nadmorskie bory bażynowe
Ważniejsze oraz rzadko spotykane gatunki roślin i zwierząt	Malina moroszka, turzyca piaskowa, wydmuchrzyca piaskowa, mikołajek nadmorski; tygrzyk paskowany, zmieraczek plażowy
Ochrona międzynarodowa	Rezerwat Biosfery; Konwencja Ramsarska; Natura 2000; bałtycki obszar chroniony HELCOM
Kontakt	www.slowinskipn.pl
Symbol	Mewa

Nazwa parku pochodzi od ***Słowińców***, grupy ludności mieszkającej jeszcze do niedawna nad jeziorami Gardno i Łebsko, a posługującej się odmianą języka kaszubskiego. Na oficjalnej stronie internetowej ***Słowiński Park Narodowy*** określono jako *Krainę wody, wiatru i piasku.* Chroni bowiem unikatowe w skali Europy ***ruchome wydmy*** – dzieło wiatru i piasku. Najwyższa z nich – Łącka Góra (42 m n.p.m.) – odegrała rolę pustyni w filmie *Faraon* Jerzego Kawalerowicza. W jej piaskach kryją się pozostałości osady Łączki zasypanej jeszcze w XVIII w. Park ma za zadanie zachować w niezmienionym kształcie również inne cenne składniki krajobrazu i ekosystemy: jeziora przymorskie, bagna i torfowiska, łąki oraz nadmorskie bory bażynowe z charakterystyczną zimozieloną krzewinką w runie –

Polodowcowy relikt – malina moroszka
(Rubus chamaemorus L.)

Narodowy (1967 r.)

bażyną czarną. Porastają one unieruchomione już wydmy, tzw. szare.
W całkowitej powierzchni parku położonego nad samym Bałtykiem ***dominują wody morskie*** i ***śródlądowe*** zajmując ponad 65%.
Na wody słodkie składają się głównie ***przybrzeżne jeziora***: Łebsko, Gardno, Dołgie Wielkie i Dołgie Małe.
Powstały przez odcięcie dawnych zatok morskich piaszczystymi mierzejami i dlatego inaczej nazywa się je zatokowymi.
Wokół jezior występują bagna, torfowiska, wrzosowiska i łąki.
Ponadto teren parku przecinają liczne rzeki i kanały. Lasy stanowią tylko 18,5% powierzchni.
Pozostałych 16% to plaże i niezalesione wydmy; bagna i torfowiska; łąki, pastwiska oraz pola uprawne.
W parku występuje wiele gatunków rzadkich roślin np. reliktowa malina moroszka, której rodowód sięga okresu zlodowaceń. Przymorskie jeziora są siedliskiem ponad 250 gatunków ptaków: kulików, bekasów, żurawi i perkozów na mokradłach oraz bielików, rybołowów i sów w pobliskich lasach.
Od czasu do czasu pojawiają się nawet foki i morświny!
Dla turystów wyznakowano ponad 140 km szlaków.
W sezonie letnim odbywają się rejsy statkiem po jeziorze Łebsko.
Chętnych zapraszają też: Muzeum Przyrodniczo-Leśne w Smołdzinie, Muzeum Wsi Słowińskiej w Klukach oraz niewielkie muzeum w Rąbce odsłaniające tajemnice dawnego niemieckiego poligonu rakietowego.

Ruchome wydmy wędrują z prędkością 2–10 m/rok

Woliński Park

Powierzchnia całkowita/ w tym ochrona ścisła	10 937 ha/ 224 ha
Unikalne walory i charakter środowiska	Wody przybrzeżne Bałtyku; wybrzeże klifowe (wysoki brzeg); delta Świny (najbardziej północna część ujścia Odry); obszar pojezierny
Ważniejsze oraz rzadko spotykane gatunki roślin i zwierząt	Halofity (słonorośla), 9 gatunków storczyków, długosz królewski, bielik, foka szara, morświn
Ochrona międzynarodowa	Natura 2000 (Delta Świny)
Kontakt	www.wolinpn.pl
Symbol	Bielik

Woliński Park Narodowy to pierwszy w Polsce ***park morski*** obejmujący część wyspy Wolin z wodami przybrzeżnymi Bałtyku w pasie 1 mili morskiej oraz archipelag wysp we ***wstecznej delcie Świny*** z otaczającymi je wodami ***Zalewu Szczecińskiego***. Charakter morski zyskał jednak dopiero po rozszerzeniu granic w 1996 r. Prawie 43% jego powierzchni przypada na obszary wód, ponad 42% na tereny zalesione zaś pozostałą powierzchnię zajmują ekosystemy nieleśne.

Foka szara *(Halichoerus grypus)*

Park chroni najokazalszy ***klif*** morski naszego wybrzeża z najwyższą kulminacją wzgórzem Gosań (95 m n.p.m.) koło Międzyzdrojów. Zupełnie niepowtarzalny krajobraz ma delta Świny z kilkudziesięcioma bagnistymi wysepkami rozdzielonymi kanałami, do których wlewają się czasami spiętrzone przez północne wiatry wody morskie w czasie tzw. cofki.

Narodowy (1960 r.)

Dzięki „dostawom" słonej wody spotykamy tam rzadkie rośliny solnisk – ***halofity*** np. świbkę nadmorską czy sit Gerarda. W parku znajdują się ***jeziora polodowcowe*** a pomiędzy wzniesieniami morenowymi efektowne sztuczne Jezioro Turkusowe, o pięknej przyciągającej turystów barwie wody, utworzone w wyrobisku po wydobyciu kredy. W otaczających lasach, których średni wiek drzew przekracza 100 lat, występują rzadkie gatunki roślin. Szczególnie cenne zbiorowisko tworzą lasy bukowe ze storczykami w runie zwane ***wolińską buczyną storczykową***. Pięknie prezentują się ***bory bażynowe***, w których można spotkać okazałą paproć – długosza królewskiego. Woliński PN odgrywa też szczególną rolę w ochronie ptaków, których doliczono się aż 230 gatunków. Lęgi odbywają tu m.in. bielik, wodniczka, biegus zmienny czy muchołówka mała. Ponieważ przez park biegnie główny szlak ptasich przelotów wzdłuż wybrzeża Bałtyku można czasem spotkać wielotysięczne stada np. traczy.

Zatokę Pomorską, obok licznych gatunków ryb, zamieszkują ssaki morskie – foka szara i morświn. Dużą atrakcję turystyczną stanowi Zagroda Pokazowa Żubrów, a także pozostałości fortyfikacji z czasów ostatniej wojny.

Woliński klif

Wigierski Park

Powierzchnia całkowita/ w tym ochrona ścisła	15 086 ha/ 623 ha
Unikalne walory i charakter środowiska	Krajobraz polodowcowy Suwalszczyzny z licznymi pagórkami i wzniesieniami, rynnami i jeziorami oraz równiny sandrowe, jezioro Wigry i rzeka Czarna Hańcza; śródleśne jeziora – suchary
Ważniejsze oraz rzadko spotykane gatunki roślin i zwierząt	Fiołek torfowy, turzyce, skalnica torfowiskowa, widłaki, brzoza niska, obuwik, storczyki; tracz długodzioby, bocian czarny, żmija zygzakowata
Ochrona międzynarodowa	Natura 2000
Kontakt	www.wigry.win.pl
Symbol	Bóbr

Wigierski Park Narodowy obejmuje obszary ***Suwalszczyzny*** charakteryzujące się najbardziej ***surowym klimatem*** w Polsce. Na tym terenie występuje więc w lasach ***północna odmiana świerka***. Brak tu jest natomiast wielu gatunków drzew, które są powszechne w Polsce środkowej i dalej w kierunku zachodnim, jak buk, jawor, lipa szerokolistna, jodła, dąb bezszypułkowy.

Bocian czarny *(Ciconia nigra)*

Ale największymi walorami parku są wody, z ***jeziorem Wigry*** w roli głównej. To rynnowe polodowcowe jezioro ma bardzo urozmaiconą linię brzegową, a jego głębokość osiąga maksymalnie 73 m. Jest wymarzone do żeglugi, którą można uprawiać bez użycia silników spalinowych, w ogóle nie przydatnych na terenie parku. Bardzo dużą popularnością cieszą się spływy ***Czarną Hańczą***. Jej niemal górski nurt ściąga rzesze kajakarzy. W lasach występują ***suchary***, czyli niewielkie jeziora o brunatnym zabarwieniu wody, pozbawione dopływów i odpływów, otoczone pierścieniem roślinności

Narodowy (1922/1989 r.)

torfowiskowej, często w formie pływającego kożucha, tzw. pła. Tworzą bardzo interesujące ekosystemy i są odpowiednim środowiskiem dla wielu rzadkich roślin np. mchów torfowców, żurawiny, turzycy i borówki bagiennej, bagna zwyczajnego, rosiczki. W wodach parku żyją 32 gatunki ryb, w tym wiele cennych, m.in. sieje, sielawy, sumy i trocie jeziorowe. Bóbr występujący w herbie coraz częściej kojarzy się mieszkańcom ze szkodami powstałymi w wyniku jego aktywności we wznoszeniu tam, budowaniu żeremi, kopaniu kanałów i zgryzaniu drzew. Jego liczebność przekroczyła już 250 osobników. W Wigierskim Parku Narodowym żyje aż 289 gatunków zwierząt objętych ochroną. Krajobraz północnej części parku wyraźnie różni się od południowej. Pierwsza ma ***rzeźbę pagórkowatą***, urozmaiconą, ta druga to ***płaska równina*** porośnięta przez ***Puszczę Augustowską***. Granica przebiega mniej więcej wzdłuż południowych brzegów jeziora Wigry, gdzie zatrzymało się czoło lądolodu. W Parku można uprawiać różne formy turystyki: wodną, pieszą i rowerową.

Śródleśny suchar z pływającym kożuchem roślinności

Park Narodowy

Powierzchnia całkowita/ w tym ochrona ścisła	4613 ha/ 324 ha
Unikalne walory i charakter środowiska	Krajobraz polodowcowy: jeziora (rynnowe i wytopiskowe); piaszczyste równiny (sandrowe); duże skupisko wydm śródlądowych oraz fragment jednego z większych kompleksów leśnych
Ważniejsze oraz rzadko spotykane gatunki roślin i zwierząt	Skalnica torfowiskowa, gwiazdnica grubolistna, fiołek torfowy, żurawina drobnolistkowa, zimoziół północny, grążel, nasięźrzał pospolity, grzybienie północne, lobelia jeziorna, widłaki, rosiczki; puchacz, bielik, głuszec, gągoł, tracz nurogęś, zimorodek, rzęsorek mniejszy, wydra, bóbr, żaby, ropuchy, rzekotka drzewna, traszki
Kontakt	www.park.borytucholskie.info
Symbol	Głuszec

Godłem ***Parku Narodowego Bory Tucholskie*** jest głuszec siedzący na gałęzi sosny, na tle jeziora. Właśnie sosny i jeziora

W parku dominują drzewostany sosnowe

są elementem bardzo charakterystycznym, a głuszec rzadko spotykany w naszym kraju zamieszkuje m.in. te tereny. Charakterystyczny dla całych Borów Tucholskich ***krajobraz polodowcowy*** reprezentują rozległe piaszczyste ***równiny sandrowe***, południkowo przebiegające ***rynny*** wypełnione wodami jezior, ***jeziora*** o całkiem nieregularnych kształtach oraz ***śródlądowe wydmy***. Znajduje się tu jedna z większych na całym niżu rynien, z Jeziorem Charzykowskim, o długości ok. 18 km oraz jedno z głębszych w Polsce jezior – Ostrowite (43 m głębokości).

Bory Tucholskie (1996 r.)

Zimordek *(Alcedo atthis)*

Osiem połączonych jezior o powierzchni przekraczającej 435 ha nazwano Strugą Siedmiu Jezior. Znaczny udział wód w ogólnej powierzchni oraz wysoki odsetek lasów – ok. 80% – przyczyniły się do powstania swoistego mikroklimatu, który z kolei stworzył dogodne warunki do rozwoju wielu rzadkich roślin zwłaszcza rosnących w ubogich siedliskach.
Są to zarówno gatunki borowe i wrzosowiskowe, jak i rośliny torfowisk i czystych jezior położonych na jałowym mineralnym podłożu. Dodatkowo wiele z nich to relikty sięgające czasów zlodowaceń lub pierwszych okresów polodowcowych. Należą do nich m.in.: trzcinnik, turzyca, skalnica torfowiskowa, gwiazdnica grubolistna, fiołek torfowy, żurawina drobnolistkowa, zimoziół północny, grążel drobny, a także grzybienie północne. Ponadto są tu stanowiska widłaków i rosiczki.
W parku mieszkają też rzadko gdzie indziej występujące zwierzęta – ptaki: wspominany już głuszec, a także puchacz, bielik, gągoł, tracz nurogęś, zimorodek; ssaki: rzęsorek mniejszy, wydra, bóbr oraz coraz liczniej spotykane nietoperze i wreszcie ryby oraz płazy: żaby, ropuchy, rzekotki i traszki. Jedna ze ścieżek dydaktycznych wytyczona w parku jest dostosowana do potrzeb osób niepełnosprawnych.

Głuszec *(Tetrao urogallus)*

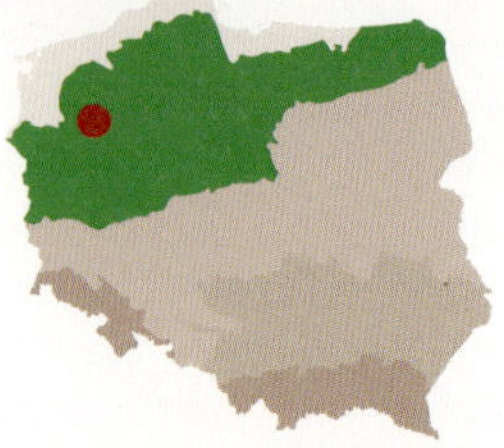

Drawieński Park

Powierzchnia całkowita/ w tym ochrona ścisła	11 441 ha/ 368 ha
Unikalne walory i charakter środowiska	Krajobraz polodowcowy w zlewni Drawy położonej na piaszczystej równinie (sandrowej); w dolinach Drawy i Płocicznej współcześnie zachodzą intensywne procesy kształtowana rzeźby terenu; Puszcza Drawska – wynik tradycyjnej gospodarki leśnej
Ważniejsze oraz rzadko spotykane gatunki roślin i zwierząt	Storczyki, chamedafne północna, błotne fiołki, rosiczki, bagnica torfowa, turzyce, widłaki, narecznica, wawrzynek wilczełyko, zimoziół północny, lilia złotogłów; bielik, tracz nurogęś, gągoł; troć jeziorowa, sieja i sielawa; żmija zygzakowata
Kontakt	www.dpn.pl
Symbol	Wydra

Drawieński Park Narodowy w całości mieści się w zlewni rzeki ***Drawy*** chociaż leży na pograniczu aż 3 województw: zachodniopomorskiego, wielkopolskiego i lubuskiego. Największą atrakcją jest właśnie Drawa, którą kilkakrotnie spływał Karol Wojtyła. Ten uznawany za jeden z najpiękniejszych w Polsce ***szlak kajakowy*** nosi dziś imię ***Jana Pawła II***. Prowadzi przez fragmenty głębokiej doliny silnie meandrującej rzeki, której brzegi porastają piękne lasy liściaste: buczyny, grądy i podmokłe łęgi. Zarówno Drawa, jak i jej główny dopływ Płociczna płyną przez szeroką sandrową równinę usypaną z piasków wymywanych przez wody topniejącego lodowca (płynące w kierunku pradoliny Toruńsko-Eberswaldzkiej). Bystry nurt obydwu rzek rzeźbi efektowne

Wydra *(Lutrinae)*

Narodowy (1990 r.)

wąwozy, których zbocza mają nawet 30 m wysokości! Niektóre odcinki przypominają wyglądem górskie potoki.
Lasy zajmują wprawdzie ponad 83% powierzchni parku, ale dominuje w nich sztucznie wprowadzona sosna i wyraźnie widoczne są efekty planowej gospodarki leśnej. Bardziej naturalny charakter mają ***torfowiska***, ***łąki*** i ***jeziora***. Na wyspie na jeziorze Ostrowiec żyje liczna kolonia kormoranów. Hydrologiczną ciekawostką jest Jezioro Czarne, którego wody przy dnie mają dużą gęstość i praktycznie nigdy nie mieszają się z tymi bliżej powierzchni.

W parku rośnie wiele rzadkich ***gatunków torfowiskowych*** takich jak turzyce, rosiczki, błotne fiołki czy chamedafne północna. Jednak największą osobliwością są storczyki, które rosną również w lasach. Nad Drawą stosunkowo łatwo można spotkać: bielika, rybołowa, kormorana, tracza nurogęś, gągoła i wypatrzeć ślady żerowania bobrów. W rzekach i jeziorach żyją rzadkie gatunki ryb, m.in. troć wędrowna i jeziorowa, sielawa oraz sieja.
Dla turystów przygotowano szlaki kajakowe, piesze, rowerowe i konne w rejonie Zatomia. Przewidziano też miejsca dla wędkarzy.

Wartki nurt Drawy zapewnia spływającym silne wrażenia

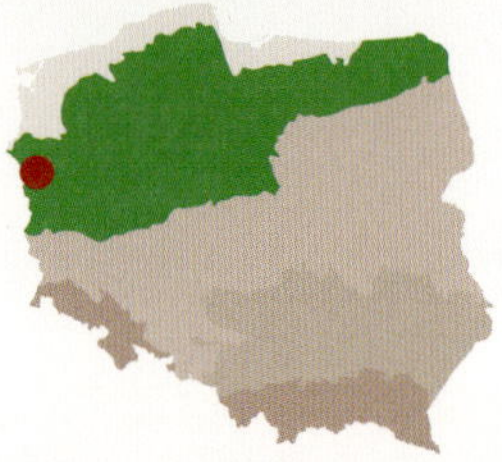

Park Narodowy

Powierzchnia całkowita/ w tym ochrona ścisła	8074 ha/ 682 ha
Unikalne walory i charakter środowiska	Zmeliorowany przez człowieka już w XVIII w. obszar śródlądowej delty Warty przy ujściu do Odry – tereny podmokłe, rozległe łąki i pastwiska (formalnie w pasie pojezierzy ma charakter parku nizinnego
Ważniejsze oraz rzadko spotykane gatunki roślin i zwierząt	Ohary, ostrygojady, wodniczki, czaple, szczudłaki, ślepowrony
Ochrona międzynarodowa	Natura 2000
Kontakt	www.pnujsciewarty.gov.pl
Symbol	Gęś zbożowa

Utworzony w 2001 r. ***Park Narodowy Ujście Warty*** jest ***najmłodszy*** w Polsce. To jeden z czterech parków, obok Biebrzańskiego, Narwiańskiego i Słowińskiego, w których nie dominują lasy. Powołano go dla ochrony unikalnych ***terenów podmokłych***, rozległych

Ohar *(Tadorna tadorna)*

łąk i pastwisk stanowiących jedną z najważniejszych w kraju ***ostoi ptaków wodnych i błotnych***. Ewenementem jest jednak fakt, że park utworzono by ratować ***tereny bardzo przekształcone przez człowieka*** i niemające nic wspólnego z naturalnym krajobrazem. Obejmuje bowiem rozlewiska Warty w pobliżu jej ujścia do Odry oraz dolny bieg rzeki Postomii, ***zmeliorowane*** jeszcze ***w XVIII w.*** Warta uchodziła wcześniej do Odry wieloma ramionami (deltą). Po melioracji główny nurt rzeki wyprostowano i skierowano nowym kanałem. Wykarczowano lasy, a bagienne nieużytki zamieniono w łąki i pastwiska.

Ujście Warty (2001 r.)

Usypano ***wały przeciwpowodziowe*** i wtedy południowa część doliny zaczęła także pełnić rolę ***zbiornika retencyjnego*** (Kostrzyński Zbiornik Retencyjny), który zalewają wody Warty i Odry. Ornitolodzy doliczyli się 260 gatunków ptaków, z czego aż 170 odbywa na terenie parku swoje lęgi, m.in. czajki, rycyki, krwawodzioby, gęgawy, rzadko spotykane gdzie indziej ohary, ostrygojady, wodniczki, czaple białe, złotawe i modronose. Poza sezonem lęgowym, w miesiącach letnich, wiele gatunków ptaków wodnych pierzy się na tym terenie: kaczki, gęsi gęgawy, łabędzie nieme, łyski i żurawie. Te ostatnie są pozbawione wszystkich lotek przez kilka tygodni i muszą mieć bezpieczne schronienie na czas niezdolności do lotu. Podczas jesiennych wędrówek zatrzymują się tutaj arktyczne gęsi w stadach liczących ok. 80 tys. osobników, a czasami dochodzącymi nawet do 200 tys. Park jest także ważnym ***zimowiskiem dla ptaków***, np. łabędzi krzykliwych i niemych, kaczek, gęsi i bielików.
W ostatnich latach na skutek zmniejszenia się pogłowia bydła w okolicy, część pastwisk zaczęła zarastać. By nie malała liczba ptaków przebywających na terenie parku konieczne jest powstrzymywanie tego naturalnego procesu przez wykaszanie zarastających łąk. Rośliny, które tutaj rosną są przystosowane do długotrwałych zalewów, trwających przez kilka miesięcy w roku. W miejscach rzadziej zalewanych występują łąki, zarośla i podmokłe lasy, czyli łęgi.

Rozlewiska Warty to krajobraz bardzo przekształcony przez człowieka

Wielkopolski Park

Powierzchnia całkowita/ w tym ochrona ścisła	7584 ha/ 260 ha
Unikalne walory i charakter środowiska	Krajobraz polodowcowy wysoczyzny morenowej z rynnami wypełnionymi wodami jezior; część najdłuższego w Polsce ozu
Ważniejsze oraz rzadko spotykane gatunki roślin i zwierząt	Rośliny atlantyckie: wiciokrzew pomorski, wąkrota zwyczajna, pięciornik płonny, jarząb brekinia; ptaki: kraska, zimorodek, kania, błotniak stawowy; pajęczaki: pająk topik i tygrzyk paskowany
Kontakt	www.wielkopolskipn.pl
Symbol	Sowa

W granicach ***Wielkopolskiego Parku Narodowego*** znajduje się obszar o ***krajobrazie przekształcanym*** przez człowieka od tysiąca lat. Położenie w pobliżu wielkiej aglomeracji miejskiej – Poznania – powoduje, że jest on licznie odwiedzany przez turystów. Szacuje się, że przybywa ich tu około 1 mln rocznie, głównie z Poznania i okolicznych osiedli.

Jarząb brekinia, jarząb brzęk *(Sorbus torminalis)*

Ścieżki urządzone na ich potrzeby bardziej przypominają te w parkach miejskich niż trasy wytyczone w matecznikach i dzikich ostępach.
Rzeźbę terenu parku ukształtował lodowiec w czasie ostatniego zlodowacenia. Największy obszar zajmuje ***wysoczyzna morenowa*** z Osową Górą wznoszącą się na 132 m n.p.m. Powierzchnia wysoczyzny jest rozcięta rynnami, w których znajdują się ***jeziora***. Krajobraz urozmaicają wzniesienia – polodowcowe owalne pagórki, czyli ***kemy*** oraz podłużne ***ozy***, a także wielkie głazy przywleczone przez lodowiec ze Skandynawii. W parku znajduje się fragment najdłuższego w Polsce ozu Bukowsko-Mosińskiego o długości 37 km.

Narodowy (1957 r.)

Największą powierzchnię zajmują lasy, głównie sosnowe, ale pomnikowymi okazami drzew są przeważnie dęby szypułkowe. Występuje tutaj również rzadkie drzewo – jarząb brekinia tzw. ***brzęk***. Jest to przedstawiciel gatunków, którym sprzyja łagodny klimat. Dla kontrastu należy też wymienić zimoziół północny – relikt epoki lodowcowej. Ciekawostką jest też pająk topik – jedyny w kraju spędzający całe życie pod wodą w specjalnie przez siebie utworzonym „dzwonie” z powietrzem.

W Wielkopolskim Parku Narodowym warto zobaczyć również pamiątki działalności ludzkiej – zabytkowe kościoły i pałace.

Pająk topik *(Argyroneta aquatica)*

Niewielkie ale głębokie jezioro Kociołek otaczają wiekowe sosny i dęby

Biebrzański Park

Powierzchnia całkowita/ w tym ochrona ścisła	59 223 ha/ 5075 ha
Unikalne walory i charakter środowiska	Torfowiska w dolinie Biebrzy z bagnami i lasami podmokłymi: olsami, łęgami i brzezinami; zimowiska nietoperzy
Ważniejsze oraz rzadko spotykane gatunki roślin i zwierząt	Brzoza niska, wierzba lapońska, gnidosz królewski, storczyki, rosiczki, widłaki; batalion, wodniczka, dubelt, bekas kszyk, kulik wielki, biegus zmienny, żuraw, rybitwa białoskrzydła i białowąsa, puchacz, orlik krzykliwy oraz sowa błotna
Ochrona międzynarodowa	Konwencja Ramsarska; Natura 2000
Kontakt	www.biebrza.org.pl
Symbol	Batalion

Biebrzański Park Narodowy jest ***największym*** polskim parkiem narodowym. Chroni położony w dolinie Biebrzy największy zespół torfowisk w Polsce, tzw. ***Bagna Biebrzańskie***. Wiosną na skutek wezbrań rzeka

Batalion *(Philomachus pugnax)*

wylewa osiągając nawet kilka kilometrów szerokości. Biebrza w naturalny sposób zmienia wówczas swój bieg, a dostatek wody zapewnia dogodne warunki dla roślin wodnych, bagiennych i torfowiskowych. Od tysięcy lat powstaje tu ***torf***.
Międzynarodowe gremia doceniły szczególne wartości przyrodnicze tego obszaru. Włączono go do sieci Natura 2000 jako Obszar Specjalnej Ochrony Ptaków i Specjalnej Ochrony Siedlisk, jak również do międzynarodowej sieci obszarów wodno-błotnych chronionych ***Konwencją Ramsarską***. Gniazduje tu bowiem około 180 gatunków ptaków, a dla dalszych 90 gatunków to ważny przystanek w czasie przelotów.

Narodowy (1993 r.)

W tym ptasim raju żyją rzadko występujące gdzie indziej ptaki, takie jak: batalion, wodniczka, dubelt, bekas kszyk, kulik wielki, biegus zmienny, puchacz, orlik krzykliwy oraz sowa błotna. Wiosną można tu spotkać odpoczywające i żerujące stada, liczące często po kilkaset osobników. Biebrzański PN zasłynął również tym, że po II wojnie światowej jedynie na jego obszarze ***przetrwały łosie***, które zresztą nadal mają tu swoją największą w Polsce ostoję. Ich populacja liczy ok. 400 osobników. Ponadto w podziemnych schronach znajdują się największe w Polsce północno-wschodniej skupiska ***zimujących nietoperzy***.

Bóbr, od którego pochodzi nazwa Biebrza, jest zwierzęciem bardzo w tych rejonach pospolitym. Największym zaskoczeniem dla przybywających tu turystów może być Obszar Ochrony Ścisłej „Czerwone Bagno”, który stał się rezerwatem już w 1925 r. Nad rozległymi torfowiskami górują piaszczyste wzgórza wydmowe, zwane grzędami. Na nich właśnie ocalało kilka sztuk łosi, w tym tylko jedna dorosła łosza, które dały początek obecnej polskiej populacji tych zwierząt. Teren parku warto zwiedzać zwłaszcza od strony wody: kajakami, łodziami, tratwami czy pychówkami.

Wielkie obszary bagienne porastają turzyce, trawy obszarów podmokłych

Narwiański Park

Powierzchnia całkowita/ w tym ochrona ścisła	6810 ha/ brak
Unikalne walory i charakter środowiska	System rzeczny Narwi, czyli rzeki warkoczowej
Ważniejsze oraz rzadko spotykane gatunki roślin i zwierząt	Bąk, błotniaki, orlik krzykliwy, wodnik, kropiatka, zielonka, derkacz, kszyk, dubelt, słonka, rycyk, sowa błotna, brzegówka, krwawodziób; widłaki, goździk pyszny, rosiczka okrągłolistna, goryczka wąskolistna, wielosił błękitny, mieczyk dachówkowaty, kosaciec syberyjski, kukułki, grążele i grzybienie
Ochrona międzynarodowa	Natura 2000 – Obszar Specjalnej Ochrony Ptaków „Bagienna Dolina Narwi”
Kontakt	www.npn.pl
Symbol	Błotniak stawowy

Narwiański Park Narodowy utworzono w celu ochrony unikatowego ***systemu rzecznego Narwi***. Narew należy do stosunkowo nielicznych na świecie ***rzek anastomozujących***, czyli ***warkoczowych***, które płyną równocześnie wieloma stałymi korytami tworzącymi rozbudowaną sieć. Nie ma jednego koryta rzecznego, ale kilka równorzędnych. Poszczególne koryta rozdzielają wyspy porośnięte trwałą roślinnością. Część wód nie płynie siecią widocznych korytarzy, lecz przepływa pod zwartymi masami szuwarów zasłaniających ***podziemne strumienie***. Rzeką anastomozującą jest Amazonka i zapewne dlatego Narew w obszarze parku nazywana jest polską Amazonią.

Bóbr *(Castor fiber)*

W parku dominuje ***roślinność bagienna***, na obrzeżach doliny

Narodowy (1996 r.)

rzecznej występują łąki, ***zarośla wierzbowe*** i olsy. Lokalnie spotyka się różne murawy. Wśród roślin ok. 20 gatunków jest chronionych m.in. kukułki, grążele, grzybienie.
Jednak obszar parku najbardziej kojarzy się z ***bogactwem ptaków***, które zakładają tu gniazda i odbywają lęgi lub tylko bawią przelotem. W sumie naliczono ponad 200 gatunków, z czego ponad 150 to gatunki lęgowe, a 28 należy do zagrożonych m.in. bielik, derkacz i wodniczka. Dolina Narwi jest jedną z ważniejszych ***ostoi ptaków lęgowych o randze europejskiej*** i jedną z najważniejszych ***ostoi ptaków wodno-błotnych*** w Polsce. Park został więc włączony do europejskiej sieci Natura 2000 jako Obszar Specjalnej Ochrony Ptaków „Bagienna Dolina Narwi".
Park najlepiej poznawać „z wody" pływając kajakiem lub pychówką – tradycyjną wąską łódką, odpychaną od dna długim drągiem w pozycji stojącej. Dla turystów przygotowano specjalne kładki wśród szuwarów (o długości ponad 1 km). Na jednej z nich przeprawy przez liczne koryta rzeczne pokonuje się przy pomocy pływających pomostów umocowanych na linach (jak na obsługiwanym ręcznie promie).

Skomplikowany system rzeczny Narwi jest tylko częściowo widoczny na powierzchni

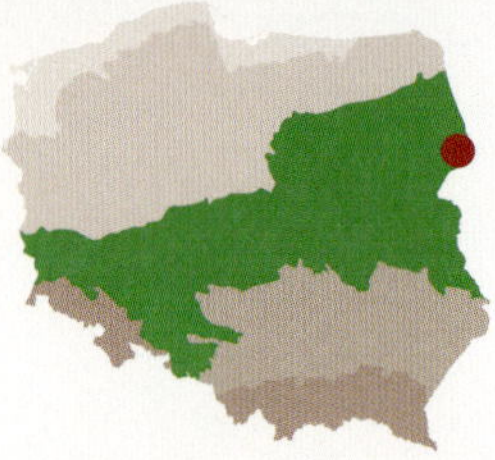

Białowieski Park

Powierzchnia całkowita/ w tym ochrona ścisła	10 517 ha/ 5726 ha
Unikalne walory i charakter środowiska	Najlepiej zachowany fragment Puszczy Białowieskiej – ostatni na niżu Europy las naturalny, o charakterze pierwotnym charakterystyczny dla strefy lasów liściastych i mieszanych; populacja żubrów na wolności
Ważniejsze oraz rzadko spotykane gatunki roślin i zwierząt	Pomnikowe dęby, goryczka wąskolistna, groszek błotny, bliźniczka psia trawka, storczyki, trawa żubrówka; derkacz, bekas kszyk, orlik krzykliwy, żubry
Ochrona międzynarodowa	Rezerwat Biosfery UNESCO; Natura 2000
Kontakt	www.bpn.com.pl
Symbol	Żubr

Białowieski Park Narodowy utworzono w 1947 r. Ale już w 1921 r. powstało na jego obszarze Leśnictwo Rezerwat, które w sierpniu 1932 r. przekształcono w Park Narodowy w Białowieży, drugi po pienińskim park narodowy w naszym kraju. Ostateczną formę organizacyjno-prawną nadano mu po II wojnie światowej. Park chroni ostatni w strefie niżu europejskiego obszar lasu o charakterze pierwotnym. Równie cenne są tereny ***Puszczy Białowieskiej*** położone po stronie białoruskiej i dlatego całą puszczę uznano za transgraniczny obiekt światowego dziedzictwa kulturowego i przyrodniczego UNESCO. Puszcza Białowieska znajdowała się na zapóźnionym cywilizacyjnie wschodzie Rzeczypospolitej, z dala od dużych miast. Z jej wyjątkowych bogactw zdawano sobie sprawę od bardzo dawna. Już od XVI w. chronili ją polscy królowie, a potem rosyjscy

Żubr – król puszczy
(Bison bonasus)

Narodowy (1932/1947 r.)

carowie. Dbano w ten sposób o zachowanie zasobnego terenu łowieckiego, gdzie można było urządzać najwspanialsze polowania dla koronowanych głów. Wiele drzew w parku to ***pomnikowe okazy***, a najstarsze ***dęby*** osiągają nawet 500 lat. Bardzo bogaty jest świat roślin, ale chyba najbardziej kojarzy się z Białowieżą aromatyczna trawa turówka, zwana ***żubrówką***. Największym zwierzęciem puszczy, a zarazem Europy jest żubr. Żyjące na wolności stado liczy ok. 350 sztuk.

Gdyby nie działania polskich przyrodników w Polsce i w Europie w ogóle nie byłoby już żubrów. W skład Białowieskiego Parku Narodowego wchodzi ***Rezerwat Pokazowy Zwierząt***, w którym odwiedzający mają okazję zobaczyć je na żywo. Aby lepiej docenić walory Puszczy Białowieskiej warto odwiedzić Muzeum Przyrodniczo-Leśne gdzie wraz z przewodnikiem można oglądać efektowną stałą wystawę. Po terenie parku objętym ochroną ścisłą można się poruszać wyłącznie w towarzystwie przewodnika.

Powalone drzewa w Białowieskim Parku Narodowym

Kampinoski Park

Powierzchnia całkowita/ w tym ochrona ścisła	32 744 ha/ 5929 ha
Unikalne walory i charakter środowiska	Wydmy śródlądowe w formie parabolicznej i wałów wydmowych naprzemiennie występujące z bagnami; Puszcza Kampinoska
Ważniejsze oraz rzadko spotykane gatunki roślin i zwierząt	Chamedafne północna, zimoziół północny, goździk piaskowy, łyszczec baldachogronowy, storczyki, sasanka łąkowa, wężymord stepowy, owsica łąkowa, wiśnia kwaśna; derkacz, wodniczka, tracz nurogęś, błotniaki, orliki, gronostaje, ryś
Ochrona międzynarodowa	Rezerwat Biosfery „Puszcza Kampinoska"; Natura 2000
Kontakt	www.kampinoski-pn.gov.pl
Symbol	Łoś

Co ***Kampinoski Park Narodowy*** i Park Narodowy Nairobi mają ze sobą wspólnego? Otóż jako jedyne na świecie są położone

Łoś (na zdjęciu łosza) świetnie radzi sobie na bagnach *(Alces alces)*

w bezpośrednim sąsiedztwie stolic krajów, w których się znajdują. Najbardziej charakterystycznymi elementami krajobrazu Kampinoskiego Parku Narodowego są ***śródlądowe wydmy*** powstałe w pradolinie Wisły – ponoć najlepiej zachowane w Europie – oraz ***bagna***. Dodatkowym atutem jest bezpośrednie sąsiedztwo tych zupełnie różnych środowisk zapewniające dużą różnorodność gatunkową roślin i zwierząt. Około 71% powierzchni parku zajmują lasy z przeważającym udziałem sosny. Znacznie rzadziej występują ***bory bagienne*** z polodowcowym reliktem chamedafne północną. W wyniku naturalnych procesów swój obszar

Narodowy (1959 r.)

będą zwiększały lasy liściaste. Do niezwykle cennych zaliczana jest ciepło- i sucholubna (kserotermiczna) dąbrowa świetlista występująca na południowych stokach wydm. Oprócz lasów charakterystyczne są ***torfowiska***, turzycowiska, szuwary, łąki, w tym wilgotne, a także murawy kserotermiczne i wrzosowiska. W parku można więc spotkać cenne ciepłolubne gatunki takie jak: sasanki, wężymord stepowy i wisienka kwaśna. Chroni się w nim także typowy ***mazowiecki krajobraz*** powstały w wyniku prowadzenia tradycyjnej gospodarki rolnej, z mozaiką pól i pastwisk, głowiastymi wierzbami i stawianymi na zimę stogami siana. W Kampinoskim Parku Narodowym miały miejsce spektakularne sukcesy w reintrodukcji (ponownym wprowadzeniu) łosi, bobrów i rysi. Łoś jest nawet symbolem parku, chociaż niektórzy uważają, że powinien nim być komar, który skutecznie uchronił puszczę przed zasiedleniem. Metodę ***reintrodukcji*** z sukcesem zastosowano także wobec drzew – ***cisa*** i ***modrzewia polskiego***. Położony w województwie mazowieckim park ma także łódzką enklawę – Ośrodek Hodowli Żubrów w Smardzewicach. W miejscowości Granica zorganizowano dla turystów Muzeum KPN. Warto też odwiedzić miejsca bohaterskich działań niepodległościowych lub obronnych gdyż puszcza przez wieki niejedno widziała: powstania, walki we wrześniu 1939 r. oraz działania żołnierzy AK w czasie II wojny światowej.

Kampinoskie bagna są najpiękniejsze wiosną

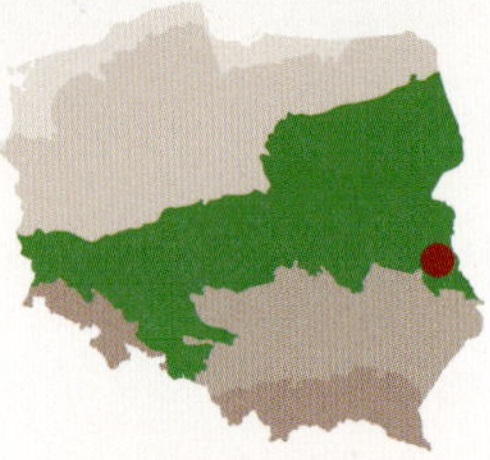

Poleski Park

Powierzchnia całkowita/ w tym ochrona ścisła	9764 ha/ 116 ha
Unikalne walory i charakter środowiska	Równiny torfowe ze zbiornikami wodnymi w różnym stadium zarastania, jeziora krasowe na Pojezierzu Łęczyńsko-Włodawskim
Ważniejsze oraz rzadko spotykane gatunki roślin i zwierząt	Brzoza niska, wierzba lapońska i borówkolistna, prosienicznik gładki, chroszcz nagołodygowy, ciemiężca zielona, kosatka kielichowata, storczyki, mięsożerna aldrowanda pęcherzykowata, buławnik czerwony, starodub łąkowy, tłustosz zwyczajny dwubarwny; czapla biała i nadobna, bąk, błotniaki łąkowe, derkacz, dubelt, kaczka podgorzałka, wodniczka, strzebla przekopowa; żółw błotny
Ochrona międzynarodowa	Rezerwat Biosfery: „Polesie Zachodnie”
Kontakt	www.poleskipn.pl
Symbol	Żuraw

Poleski Park Narodowy obejmuje naturalne fragmenty ***torfowisk*** z jeziorami, stawami, rzekami, rowami, torfiankami oraz zagłębieniami krasowymi. Porośnięte karłowatymi brzozami, wierzbami i sosnami przypominają swym wyglądem północną ***tundrę***. Podstawowym warunkiem zachowania walorów przyrodniczych jest utrzymanie odpowiednich stosunków wodnych, pomimo niefortunnych zabiegów melioracyjnych przeprowadzanych w latach 60. XX w. Spowodowały one zarastanie torfowisk, które zaczęły się przekształcać w mniej cenne zbiorowiska leśne i zaroślowe. Obecnie roślinność drzewiasta jest planowo usuwana. Rozlewiska powstające po okresie zimowym, przyciągają migrujące ***ptaki wodno-błotne*** (ok. 50 gatunków), a rozlewiska utrzymujące się przez cały rok stanowią żerowiska i miejsce gniazdowania gatunków lęgowych (ok. 150 gatunków). Gnieżdżą się tutaj gatunki zagrożone takie jak derkacz, dubelt, kaczka podgorzałka czy wodniczka.
W parku żyje nasz największy ptak drapieżny ***bielik***, z kolei żuraw, widniejący w herbie Poleskiego Parku Narodowego, to w ogóle największy krajowy

Narodowy (1990 r.)

Aldrowanda pęcherzykowata *(Aldrovanda vesiculosa)*

ptak (ponad 1 m wysokości). Park jest też ostoją łosia, żółwia błotnego, bobra i wydry. Na specjalną uwagę zasługuje ***żółw błotny***, gatunek reliktowy w kraju i uznawany za najbardziej zagrożonego gada. Jego liczebność tutaj ocenia się na ok. 350–450 dorosłych osobników. Można spotkać też innych przedstawicieli gadów – jaszczurki i żmiję zygzakowatą. Niewielkie zbiorniki wodne na podłożu torfowym zamieszkuje jedna z najrzadszych ryb w Polsce – strzebla przekopowa.
Przez teren parku przebiega ***granica zasięgu*** dla ok.150 gatunków roślin. Rosną tu m.in. zaliczana do wymierających mięsożerna aldrowanda pęcherzykowata oraz siedem innych gatunków owadożernych roślin w różny sposób przystosowanych do uzupełniania niedoborów azotu, którego na torfowiskach nie mogą pobrać z gleby. W parku występują rośliny charakterystyczne dla obszarów północnych – ***relikty polodowcowe*** – takie jak brzoza niska, wierzba lapońska i borówkolistna czy turzyce, bagnice, rosiczki, kosaćce; ok. 25 ***atlantyckich*** gatunków reliktowych oraz ***rośliny stepowe*** i ***górskie*** np. storczyk gółka długoostrogowa.

Specjalne pomosty na ścieżce dydaktycznej umożliwiają podziwianie terenów podmokłych

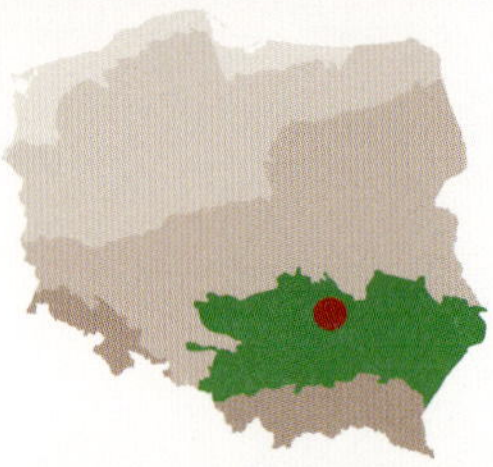

Świętokrzyski

Powierzchnia całkowita/ w tym ochrona ścisła	7626 ha/ 1731 ha
Unikalne walory i charakter środowiska	Stare zalesione Góry Świętokrzyskie z charakterystycznymi gołoborzami i Puszczą Jodłową
Ważniejsze oraz rzadko spotykane gatunki roślin i zwierząt	Endemityczny wyżynny jodłowy bór mieszany, pomnikowe okazy: jodły, buka, modrzewia i jawora
Ochrona międzynarodowa	Natura 2000
Kontakt	www.slowinskipn.pl
Symbol	Jeleń

Świętokrzyski Park Narodowy w całości położony jest w Górach Świętokrzyskich i obejmuje ich najciekawsze fragmenty: najwyższe pasmo – ***Łysogóry***, część Pasma Klonowskiego, dwie doliny i trzy enklawy, w tym Górę Chełmową. Na zboczach górskich występują

Czosnek niedźwiedzi *(Allium ursinum L.)*

charakterystyczne rumowiska skalne – ***gołoborza***. Największe znajdują się na Łysej Górze i na Łysicy. Są to jedne z ***najstarszych skał*** w Polsce występujących na powierzchni. Ich wiek określa się na 500 mln lat. Już w latach 20. XX w. zaczęto tworzyć rezerwaty w celu zachowania najwartościowszych fragmentów Gór Świętokrzyskich. Naturalna szata roślinna przez wieki ulegała bowiem wpływom osadnictwa, rolnictwa, przemysłu, tradycyjnego leśnictwa i eksploatacji drewna. Teren Świętokrzyskiego Parku Narodowego słynął w przeszłości z cisów. Gatunek ten skutecznie wytrzebiono w jeszcze w wiekach XIV, XV, XVI. Akcja ***restytucji***

Park Narodowy (1950 r.)

cisa rozpoczęła się w 1954 r. W 2000 r. stwierdzono ogółem 991 egzemplarzy cisa, w tym 51 drzew owocujących. W dwa lata później doliczono się na terenie parku aż 729 ***pomnikowych okazów*** różnych gatunków drzew, głównie buków, modrzewi, jaworów, grabów i jodeł.
Lasy zajmują ponad 95% powierzchni parku i często mają charakter górski lub wyżynny. Granica między nimi przebiega mniej więcej na wysokości 400 m n.p.m. Lasy jodłowe i bukowe przypominają właśnie te z dolnego piętra w Beskidach. Występujące w Łysogórach gołoborza stanowią swojego rodzaju analogię górskich siedlisk naskalnych z charakterystycznymi porostami i mszakami. Jest to najbardziej charakterystyczny element krajobrazu tego pasma. Często spotykane ***rośliny górskie*** podnoszą walory przyrodnicze parku. Reprezentują je np. tojad dzióbaty, przetacznik górski, paprotnik kolczysty, czosnek niedźwiedzi, żywiec dziewięciolistny, miesiącznica trwała, kokorycz okółkowa, a także jedyny gatunek wysokogórski – omieg górski.
Na Łysej Górze, zwanej też Świętym Krzyżem, w miejscu dawnego słowiańskiego kultu wznosi się zabytkowy kompleks opactwa benedyktynów. Znajduje się tu muzeum przyrodnicze, w którym można zobaczyć makietę obszaru parku i okolic oraz bliżej poznać świat przyrody ożywionej i nieożywionej. Samo opactwo, w okresie panowania dynastii Jagiellonów, było najważniejszym sanktuarium religijnym w Królestwie Polskim, później przez pewien okres służyło m.in. jako ciężkie więzienie.

Najbardziej znane gołoborza w Polsce są w Górach Świętokrzyskich (na zdjęciu Łysa Góra)

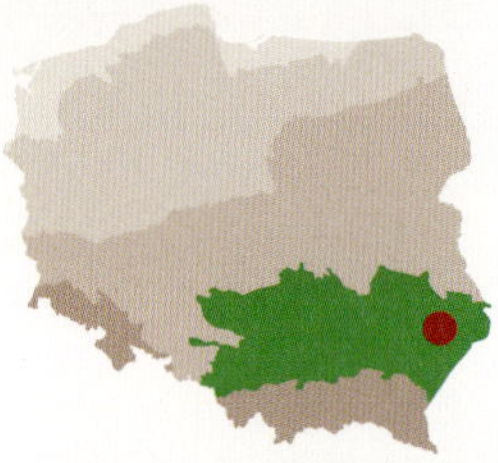

Roztoczański

Powierzchnia całkowita/ w tym ochrona ścisła	8483 ha/ 806 ha
Unikalne walory i charakter środowiska	Leśne wzgórza rozdzielone dolinami rzecznymi, największą tworzy rzeka Wieprz
Ważniejsze oraz rzadko spotykane gatunki roślin i zwierząt	Podkolan biały, rosiczka długolistna, kruszczyk szerokolistny, buławnik mieczolistny, śnieżyczka przebiśnieg, barwinek pospolity, pierwiosnka lekarska, przylaszczka pospolita; konik polski
Kontakt	www.roztoczanskipn.pl
Symbol	Konik polski typu tarpan

Symbolem ***Roztoczańskiego Parku Narodowego*** jest ***konik polski***, potomek dzikich tarpanów sprowadzonych na Roztocze przez kanclerza Jana Zamoyskiego na przełomie XVI i XVII w. W 1806 r. konie rozdano okolicznym chłopom, którzy krzyżowali je ze swoimi końmi roboczymi. W wyniku tych krzyżówek powstała nowa rasa – konik polski. W 1982 r. koniki polskie sprowadzono do parku i rozpoczęto ich hodowlę.

Konik polski – symbol Roztocza

W krajobrazie parku dominują ***wierzchowiny***, porozcinane rozległymi dolinami, nad którymi wznoszą się samotne ***wzgórza ostańcowe*** zbudowane z wapieni. Specyficzny klimat Roztocza, kształtowany zarówno pod wpływem ciepłych jak i zimnych mas powietrza zasadniczo wpłynął na szatę roślinną. W parku występują zarówno ***gatunki ciepłolubne*** (rosiczka pośrednia, sporek wiosenny, sit sztywny, żarnowiec miotlasty, szczotlicha siwa), jak i ***północne*** (widłak wroniec, zimoziół północny, pomocnik baldaszkowy) oraz ***górskie*** (tojad dzióbaty, czosnek siatkowaty) i ***sucholubne*** – pontyjskie (szczodrzeniec ruski).

Park Narodowy (1974 r.)

Aż 95% powierzchni parku stanowią lasy. Przeważa w nich charakterystyczna dla lasów górskich ***buczyna karpacka***, zaś do najcenniejszych fragmentów należy jodłowy bór mieszany uważany za endemiczny. W parku naliczono prawie 1800 egzemplarzy drzew pomnikowych m.in. jodeł osiągających najwyższe wymiary w Polsce (50 m wysokości, ponad 4 m obwodu).
Tak bogata szata roślinna wpłynęła na wielką różnorodność siedlisk zwierzęcych, wśród których przeważają oczywiście leśne. Ochronie ścisłej i częściowej podlega 269 gatunków zwierząt. W 1979 r. z sukcesem reintrodukowano bobry, które zamieszkały w dolinie Wieprza. Jako przepiękna kraina Roztocze oferuje turystom wiele wrażeń, również dzięki dziedzictwu zasłużonego rodu Zamoyskich; m.in. o każdej porze roku warto więc pospacerować po Zwierzyńcu.

Efektowne progi skalne na rzece Sopot, zwane szumami, to atrakcje Roztocza położone poza terenem parku

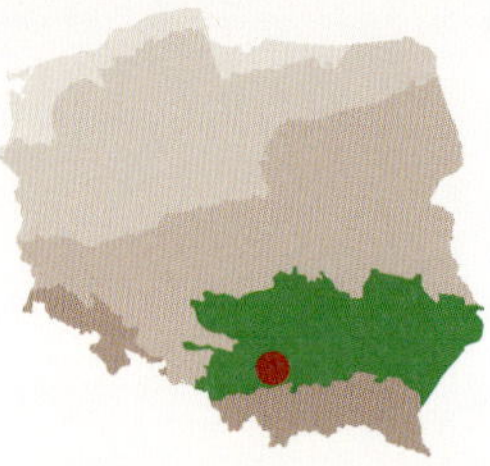

Ojcowski Park

Powierzchnia całkowita/ w tym ochrona ścisła	2146 ha/ 251 ha
Unikalne walory i charakter środowiska	Krasowe doliny Prądnika i Sąspowska z różnorodnymi formami skalnymi, jaskiniami
Ważniejsze oraz rzadko spotykane gatunki roślin i zwierząt	Brzoza ojcowska, róża alpejska, kruszczyki, skrzyp olbrzymi, wiśnia karłowata, ostnica Jana, tojady, chaber miękkowłosy, żywiec gruczołowaty, uładka leśna i obrazki plamiste; nietoperze
Ochrona międzynarodowa	Rezerwat Biosfery: „Polesie Zachodnie”
Kontakt	www.opn.pan.krakow.pl
Symbol	Nietoperz

Najmniejszy w Polsce, ***Ojcowski Park Narodowy*** leżący w strefie podmiejskiej Krakowa bardzo licznie odwiedzają turyści. Duże zasługi w ochronie jego obszaru mają byli właściciele Ojcowa, zwłaszcza Jan Zawisza. Ten archeolog-amator, pierwszy badacz tutejszych jaskiń, od 1878 r. rozpoczął stopniowe wykupywanie Doliny Prądnika i okolic z rąk wrocławskich kupców prowadzących od początku XIX w. rabunkową gospodarkę niszczącą przyrodę w całej okolicy. Wykupy kontynuował kolejny właściciel Ojcowa – Ludwik Krasiński.
To dzięki nim możemy podziwiać, dwie ***krasowe doliny Prądnika i Sąspówki*** oraz ich najbliższe otoczenie, gdzie natura zgromadziła prawdziwe cuda.
Są to małe wąwozy z tarasami, stożkami napływowymi i usypiskowymi, z różnorodnymi

Podkowiec mały *(Rhinolophus hipposideros)*

Narodowy (1956 r.)

formami skalnymi w postaci, iglic, maczug czy bram, a na jurajskiej wierzchowinie fantazyjne ostańce skalne. Trzeba uwzględnić jeszcze około ***600 jaskiń***, z których do zwiedzania udostępniono tylko Łokietka i Ciemną. Jaskinie były wykorzystywane przez człowieka prehistorycznego i jego ślady bytowania znaleziono między innymi w Jaskini Ciemnej. Niezwykle zróżnicowanej rzeźbie towarzyszą zmienne warunki mikroklimatu zależne od ekspozycji, deniwelacji terenu oraz stopnia pokrycia przez szatę roślinną. Klimat parku ma wiele cech klimatu górskiego. Wszystkie te czynniki oraz przeszłość geologiczna wpłynęły na wielką różnorodność roślin ustępującą bogactwem jedynie Tatrom i Pieninom. Rośnie tu ok. 1000 gatunków roślin naczyniowych, w tym relikty jak np. róża alpejska, ułudka leśna czy obrazki plamiste. Brak natomiast roślin rosnących wyłącznie na danym terenie, chociaż do niedawna uważano za taką ***brzozę ojcowską*** rosnącą m.in. w Skandynawii. Większą część obszaru parku porastają lasy. W parku i okolicy występuje 17 spośród 21 gatunków nietoperzy żyjących w Polsce. W jaskiniach dość często spotkać można w okresie snu zimowego (hibernacja) podkowca małego i nocka dużego. Dawniej tworzyły całe kolonie. Stylizowaną sylwetkę nietoperza umieszczono w godle parku. Na turystów czeka nie tylko bujna natura ale też inne atrakcje: zamki w Ojcowie i Pieskowej Skale, muzea – przyrodnicze i regionalne oraz zespól sakralny Pustelni bł. Salomei w Grodzisku.

Skalna fantazja natury – Biała Ręka w Dolinie Prądnika

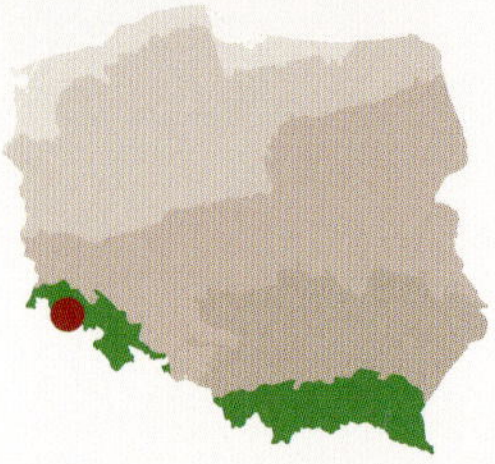

Karkonoski

Powierzchnia całkowita/ w tym ochrona ścisła	5580 ha/ 1726 ha
Unikalne walory i charakter środowiska	Alpejski charakter stosunkowo niskich gór z wieloma gatunkami roślinności alpejskiej i północnej
Ważniejsze oraz rzadko spotykane gatunki roślin i zwierząt	Skalnica śnieżna, paproć rozrzutka alpejska, skalnica bazaltowa, sasanka alpejska, pierwiosnka maleńka, wawrzynek wilczełyko, tojad mocny, róża alpejska, modrzyk górski, zimoziół północny, porosty miseczkowate; ślimak arktyczny, płochacze halne, drozdy obrożne
Ochrona międzynarodowa	Rezerwat Biosfery UNESCO Karkonosze/ Krkonose
Kontakt	www.kpnmab.pl
Symbol	Góra Chojnik

Karkonoski Park Narodowy obejmuje główny grzbiet Karkonoszy oraz dwie enklawy Górę Chojnik i Wodospad Szklarki włączone ze względu na dobrze zachowane naturalne lasy z drzewostanem bukowym. W Karkonoszach praktycznie nie ma obszarów, na których obecnie bądź w nieodległej przeszłości nie odcisnęłyby się ślady działalności człowieka. Zmiany w krajobrazie wywoływały zarówno gospodarka leśna, jak i pasterstwo czy wreszcie masowa turystyka. Mimo tego, przyroda ożywiona ma niezwykle bogate i różnorodne oblicza. Surowe warunki klimatyczne porównywalne do panujących na dalekiej północy spowodowały, że pomimo znacznie mniejszych wysokości niż w Karpatach, nie mówiąc już o Alpach, Karkonosze tworzą specyficzną ***górską wyspę***. Charakteryzują ją stanowiska takich gatunków roślin i zwierząt, których główny obszar występowania to np. Skandynawia czy Alpy. Przykładowo w Małym Śnieżnym Kotle jest jedyne w Polsce stanowisko paproci rozrzutki alpejskiej, jedyne w środkowej Europie stanowisko

Sasanka alpejska *(Pulsatilla alba Rchb.)*

Park Narodowy (1959 r.)

skalnicy śnieżnej, a wreszcie jedyne na świecie stanowisko skalnicy bazaltowej! Alpejski kawałek Karkonoszy, jakim są ***Śnieżne Kotły*** wprawia w zachwyt. Efektownie wyżłobione przez lodowiec surowe skalne granitowe ściany o wysokości od 80 do 100 m otaczają dna wysłane wielkimi kamiennymi blokami. Ściany przecinają głębokie żleby, a u ich podnóży powstały usypiska głazów. Od północy kotły zamykają wały moren o wysokości 15 m.
To monumentalne miejsce trzeba podziwiać bardzo ostrożnie zwłaszcza zimą gdy schodzą tędy lawiny. Ale na pewno jest to niezapomniany punkt widokowy, z którego roztacza się szeroka sudecka panorama. Przy dobrej pogodzie widać nawet oddaloną o ok. 80 km Ślężę na Przedgórzu Sudeckim.
Najbardziej znanym karkonoskim szczytem jest najwyższa w całych Sudetach ***Śnieżka*** (1602 m n.p.m.), bardzo popularne są wodospady Szklarki i Kamieńczyka.
W parku występuje wiele gatunków roślinności alpejskiej i arktycznej m.in. sasanka alpejska, pierwiosnka maleńka, wawrzynek wilczełyko, tojad mocny, róża alpejska, modrzyk górski, zimoziół północny. Rosną tu najstarsze rośliny Karkonoszy – porosty miseczkowate liczące ponad 600 lat oraz żyją rzadkie gatunki zwierząt, m.in. reliktowy ślimak arktyczny, płochacze halne czy drozdy obrożne.
Wyjątkowe walory naszego Karkonoskiego Parku Narodowego potwierdzili eksperci UNESCO powołując międzynarodowy Rezerwat Biosfery na terenie Polski i Czech (Karkonosze/ Krkonose).

Śnieżne Kotły – alpejski fragment Karkonoszy

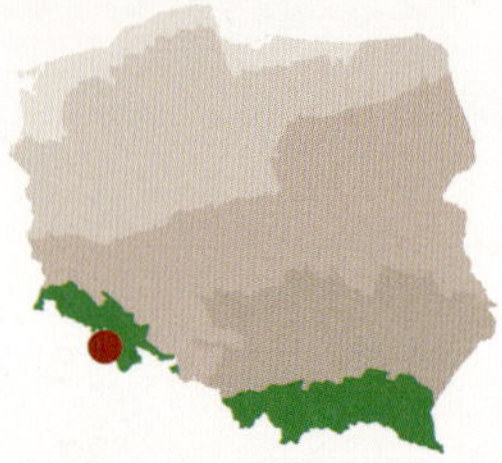

Park Narodowy

Powierzchnia całkowita/ w tym ochrona ścisła	6339 ha/ 376 ha
Unikalne walory i charakter środowiska	Bogactwo form skalnych powstałych w wyniku erozji w górach o budowie płytowej
Ważniejsze oraz rzadko spotykane gatunki roślin i zwierząt	Skalnica zwodnicza, pełnik europejski, rzeżusznik piaskowy, sosna błotna, reliktowe i endemiczne mchy i wątrobowce; mroczek posrebrzany, pustułka, derkacz
Kontakt	www.pngs.com.pl
Symbol	Szczeliniec

Park Narodowy Gór Stołowych obejmuje wierzchowinowe i centralne partie Gór Stołowych z najwyższymi wzniesieniami: Szczelińcem Wielkim (919 m n.p.m.) i Skalniakiem (915 m n.p.m.) oraz północno-zachodnią część Wzgórz Lewińskich. To jedyny w Polsce przykład ***gór o charakterze płytowym***. Charakterystycznymi elementami krajobrazu są: płaszczyzny, czasem lekko

Góry płytowe mają płaskie wierzchołki

pofalowane i wznoszące się ponad nimi urwistymi ścianami skalne bloki, często popękane, pożłobione szczelinami tworzącymi labirynty lub wąwozy. Ponadto licznie występują pojedyncze skałki o niepowtarzalnych oryginalnych kształtach w formie iglic, maczug czy grzybów skalnych, zgrupowania i blokowiska skalne. To ***bogactwo form skalnych*** jest vnajwiększą wartością parku. Turyści najczęściej odwiedzają Szczeliniec i Błędne Skały.

Na Szczeliniec prowadzi ponad 660 stopni wykutych w skale, które wykonał na początku XIX w. Franz Pabel, sołtys Karłowa – wsi leżącej u stóp góry. To pierwsza w Polsce oficjalnie wytyczona trasa turystyczna, a od 1813 r. jej twórca piastował, z królewskiego nadania, funkcję pierwszego w Europie

Gór Stołowych (1993 r.)

Pustułka
(Falco tinnunculus)

przewodnika turystycznego. Zresztą król Prus Fryderyk Wilhelm II dotarł na Szczeliniec wniesiony w lektyce. Od tego momentu datuje się rozwój ruchu turystycznego w Europie!

Lasy stanowią aż 89 % powierzchni parku, ale rzadko spotykaną roślinność częściej można podziwiać na torfowiskach, bagiennych łąkach czy też na skałach.

Wiele gatunków wysokogórskich rośnie w Górach Stołowych rekordowo nisko. Niektóre gatunki naskalne znajdują się w **Polskiej czerwonej księdze roślin**. Należy do nich skalnica zwodnicza, która ma zaledwie jedno stanowisko w Górach Stołowych a zarazem w Polsce.

Za symbol roślinny regionu uznawany jest kwitnący na przełomie maja i czerwca ***pełnik europejski***, nazywany też „kłodzką różą".

W szczelinach skalnych i w obrębie zabudowań można zaobserwować 13 gatunków nietoperzy m.in. mroczka posrebrzanego umieszczonego w **Polskiej czerwonej księdze zwierząt**.

W skałach gnieżdżą się puchacz, pustułka, kruk, a także kopciuszek, pleszka i kowalik. Na łąkach pojawiają się rzadkie przepiórki i derkacze. W parku żyją też niezbyt często spotykane płazy – salamandry i traszki oraz muflony i daniele – niepożądany element fauny, sztucznie sprowadzony przez człowieka na początku XX w.

Wyraźnie widoczna płytowa budowa Szczelińca Wielkiego

Babiogórski

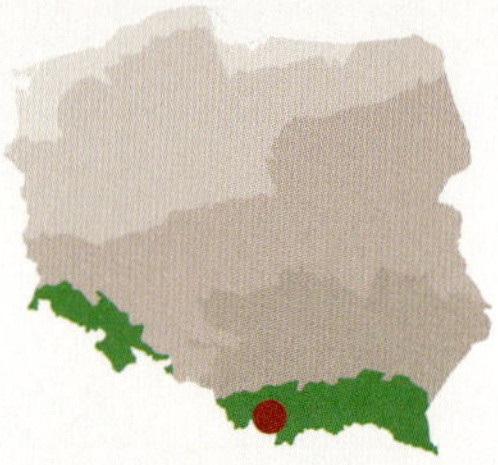

Powierzchnia całkowita/ w tym ochrona ścisła	3392 ha/ 1062 ha
Unikalne walory i charakter środowiska	Wykształcony układ pięter roślinnych, w tym piętro hal, zespół roślinności naskalnej
Ważniejsze oraz rzadko spotykane gatunki roślin i zwierząt	Okrzyn jeleni, rogownica alpejska, storczyki; głuszec, żołędnica
Ochrona międzynarodowa	Rezerwat Biosfery UNESCO, Natura 2000
Kontakt	www.bgpn.pl
Symbol	Okrzyn jeleni

Babiogórski Park Narodowy jest, po Tatrach, ***najwyżej wypiętrzonym*** obszarem Polski, choć zajmuje stosunkowo niewielką powierzchnię. Najwyższy szczyt to Diablak (1725 m n.p.m.). Babia Góra – nie bez powodu nazywana Królową Beskidów – jest pod wieloma względami szczególna. Wyraźnie zaznacza się ***piętrowy układ roślinności***. Poza Babią Górą tylko w Tatrach i Karkonoszach występuje ***piętro hal*** z charakterystyczną roślinnością murawową: sitem skuciną, endemityczną rogownicą alpejską, sasanką alpejską, zawilcem narcyzowym, dzwonkiem wąskolistnym oraz oczywiście trawami i turzycami takimi jak: bliźniczka psia trawka, wiechlina wiotka czy kostrzewa niska.

Żołędnica *(Eliomys quercinus)*

Park Narodowy (1954 r.)

Co ciekawe, w piętrze tym znaleźć można także wierzbę zielną – maleńką, płożącą się krzewinkę. Symbol parku – okrzyn jeleni – to roślina, występująca tylko w babiogórskich lasach regla górnego. Ponad 70 gatunków zwierząt na Babiej Górze to gatunki wysokogórskie. Wiele jest też zagrożonych np. głuszec, żołędnica, cietrzew, gniewosz plamisty, mroczek pozłocisty. Szczególnie cenna i rzadka jest żołędnica, dla której Babia Góra jest jedynym obecnie miejscem występowania w Polsce.

W 1976 r. Babia Góra, jako jeden z pierwszych obszarów na świecie, uzyskała status Rezerwatu Biosfery UNESCO. Doceniono nie tylko walory przyrodnicze wysokogórskich ekosystemów z pełną piętrowością, ale także długą historię ochrony obszaru oraz intensywnie prowadzone badania naukowe. Park został włączony także do europejskiej sieci Natura 2000.

Babia Góra cieszy się niesłabnącą popularnością wśród turystów. Ma dobrze rozwiniętą sieć szlaków i infrastrukturę turystyczną.

Hale na Babiej Górze z widocznymi płatami kosodrzewiny

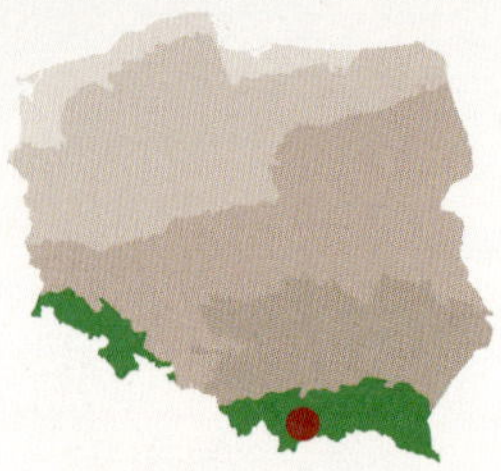

Gorczański Park

Powierzchnia całkowita/ w tym ochrona ścisła	7030 ha/ 3611 ha
Unikalne walory i charakter środowiska	Puszcza karpacka z pasterskimi polanami
Ważniejsze oraz rzadko spotykane gatunki roślin i zwierząt	Jastrzębiec pomarańczowy, mieczyk dachówkowaty, tłustosz pospolity, pełnik europejski, prosienicznik jednogłówkowy, szafran spiski, storczyki, dziewięćsił bezłodygowy, kuklik górski, wietlica alpejska, ciemiężyca zielona, fiołek dwukwiatowy, omieg i kuklik górski
Ochrona międzynarodowa	Natura 2000; Obszar Specjalnej Ochrony Ptaków – „Gorce”
Kontakt	www.gorczanskipark.pl
Symbol	Salamandra plamista

Gorczański Park Narodowy chroni ***naturalny górski krajobraz***. Pierwotnie obszar Gorców porastała ***puszcza karpacka***. Do dzisiaj na terenie parku występuje wiele okazów drzew pomnikowych liczących ponad 100 lat, a lasy zajmują aż 95% powierzchni. Bogata roślinność runa leśnego prezentuje się wyjątkowo pięknie wiosną w okresie dobrego oświetlenia przed rozwojem liści na drzewach. Wtedy kwitną m.in.: żywiec gruczołowaty i cebulkowy, śnieżyczka przebiśnieg, kokorycz pusta, zawilec gajowy, czosnek niedźwiedzi.

Salamandra plamista *(Salamandra salamandra)*

Miejsca, w których las wycięto lub zniszczyły go np. wichury, służyły jako pastwiska dla owiec i bydła albo były regularnie wykaszane. W wyniku wielu wieków takiego użytkowania powstały ***polany reglowe***. Ich nazwa nawiązuje do położenia w piętrze regla dolnego lub górnego. Odznaczają się niezwykłym bogactwem i różnorodnością roślin. Aż 130 gatunków jest charakterystycznych wyłącznie dla nich. Rosną tu m.in:

Narodowy (1981 r.)

mieczyk dachówkowaty, pełnik europejski, szafran spiski i aż 13 gatunków z rodziny storczykowatych. Dlatego tak ważne jest niedopuszczenie do ich ponownego zalesienia. Za osobliwość rzeźby Gorców uznać należy ***wychodnie skalne*** np. „Czubaty Groń" pod Przysłopem, skały na stokach Kudłonia z „Kudłońskim Bacą" czy wreszcie leżące w źródliskach Rosochy „Białe Skały". Charakterystyczne są głęboko wcięte V-kształtne doliny rzeczne z licznymi progami, wodospadami i załomami. W parku występują też jaskinie, z których największą jest „Zbójecka Jama". Obszar GPN jest to ostoją dla wilka, rysia oraz licznej populacji jelenia karpackiego. Gniazdują tu tak rzadkie ptaki jak: puchacz, głuszec i dzięcioł trójpalczasty. Z tego powodu obszar parku został włączony do europejskiej sieci Natura 2000 jako Obszar Specjalnej Ochrony Ptaków – „Gorce".

Puchacz *(Bubo bubo)*

Zachowanie polan reglowych wymaga regularnego koszenia (na zdjęciu Polana Podskały)

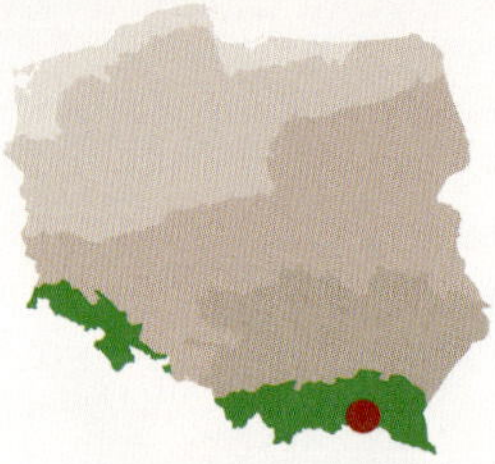

Magurski Park

Powierzchnia całkowita/ w tym ochrona ścisła	19 439 ha/ 2408 ha
Unikalne walory i charakter środowiska	Pasmo dzikiego Beskidu Niskiego – obszaru przejściowego pomiędzy Karpatami Zachodnimi a Wschodnimi
Ważniejsze oraz rzadko spotykane gatunki roślin i zwierząt	Przebiśnieg, cebulica dwulistna, żywiec dziewięciolistny, czosnek niedźwiedzi, zawilec, miesiącznica trwała, storczyki, róża francuska, chaber drakiewnik, goździk kropkowany, kokoryczka wonna, kocimiętka właściwa; ptaki szponiaste
Ochrona międzynarodowa	Natura 2000 Specjalny Obszar Ochrony Siedlisk „Ostoja Magurska”
Kontakt	www.magurskipn.pl
Symbol	Orlik krzykliwy

Magurski Park Narodowy ma typowo leśny charakter, ale dominują w nim drzewostany sztuczne z przewagą sosny. Zbiorowiska nieleśne zajmują zaledwie 5% jego powierzchni.

Cerkiew św. Paraskewy w Kwiatoniu (obiekt światowego dziedzictwa UNESCO)

Obejmuje ***piętro pogórza i regla dolnego***. Chroni obszar przejściowy pomiędzy Karpatami Zachodnimi, do których jest zaliczany, a Karpatami Wschodnimi. Klimat tego obszaru też ma charakter przejściowy pomiędzy atlantyckim, a kontynentalnym. Florę charakterystyczną dla Karpat Wschodnich reprezentuje osiem gatunków m.in. lulecznica kraińska, turzyca siedmiogrodzka, cebulica dwulistna. Tyle samo gatunków jest charakterystycznych dla Karpat Zachodnich m.in. tojad dzióbaty, głóg dwuszyjkowy, ciemiężyca zielona. Na terenie parku zaskakują dwie rośliny charakterystyczne dla wyższych gór, czyli omieg górski i modrzyk

Narodowy (1995 r.)

górski. W Polsce Beskid Niski nie przekracza 1000 m n.p.m. Wartościowe zbiorowiska leśne reprezentują raczej lasy liściaste, takie jak rzadkie w polskich Karpatach lasy jaworowe, ponadto bagienne łęgi i olsy, grądy czy popularniejsze lasy bukowe również w typowo wschodniokarpackiej odmianie. Gdzieniegdzie zachowały się naturalne fragmenty charakterystycznych dla regla dolnego lasów jodłowych. ***Roślinność zielna***, szuwarów, łąk i torfowisk, wykazuje znacznie większe zróżnicowanie niż lasy i zarośla. Dużą rolę odgrywają rośliny ciepłolubne z berberysem zwyczajnym i dzwonkiem brzoskwiniolistnym. 64 gatunki roślin objęto ochroną ścisłą, a 12 znajduje się w **Polskiej czerwonej księdze roślin**. Zwierzęta zamieszkujące teren parku są typowe dla całych Beskidów. Na uwagę zasługują jednak ptaki szponiaste, szczególnie myszołów, orlik krzykliwy, krogulec i jastrząb. Przyroda nieożywiona również oferuje wiele atrakcji. Fantazyjne skałki, wodospady, jaskinie podziwiać można w rezerwacie Kornuty, na Górze Zamczysko czy w okolicach Folusza. Najdłuższa na terenie Karpat Fliszowych Jaskinia Mroczna ma 198 m korytarzy i 15,5 m głębokości! Osobliwością są pozostałości wsi zamieszkałych do lat 40. XX w. przez prawosławnych lub wyznających grekokatolicyzm Łemków, których wysiedlono w ramach tzw. Akcji Wisła. Wielkie wrażenie wywołują opustoszałe cmentarze, przydrożne figury, krzyże i kapliczki przy nieistniejących drogach... Charakterystyczne sylwetki drewnianych cerkwi to prawdziwy symbol regionu. Pamiątkami z okresu I wojny światowej są rozsiane po górach cmentarze.

Potok Kłopotnica w Magurskim Parku Narodowym

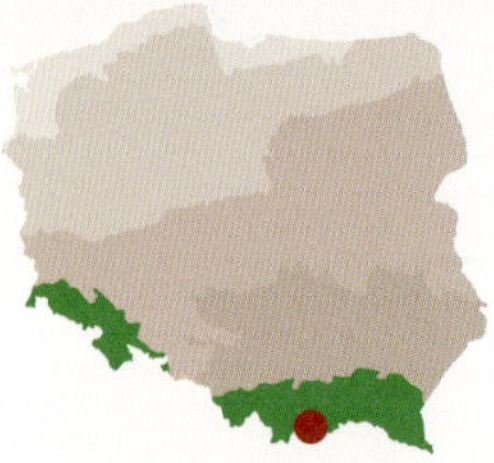

Pieniński Park

Powierzchnia całkowita/ w tym ochrona ścisła	2346 ha/ 750 ha
Unikalne walory i charakter środowiska	Urozmaicona rzeźba na podłożu wapiennym z przełomem Dunajca i wielką różnorodnością świata roślin i zwierząt
Ważniejsze oraz rzadko spotykane gatunki roślin i zwierząt	Pszonak pieniński, mniszek pieniński, chryzantema Zawadzkiego, traganek jasny, szarotka alpejska, oman wąskolistny, perłówka siedmiogrodzka, storczyki, sesleria skalna, aster alpejski, dębik ośmiopłatkowy; mysz małooka, pomurnik, nagórnik, sokół wędrowny
Ochrona międzynarodowa	Natura 2000
Kontakt	www.pieninypn.pl
Symbol	Trzy Korony

Pieniński Park Narodowy jest niewielki, za to najstarszy w Polsce. W czerwcu 1932 r. powołano Park Narodowy w Pieninach, a w 1954 r. go odtworzono. Obejmuje ***Pieniny Właściwe*** zbudowane z różnorodnych ***wapieni***. Najtwardsze z nich tworzą malownicze, niemal pionowe białe ściany opadające ku ***Dunajcowi*** płynącemu w skalnym kanionie. Przełomowym odcinkiem rzeki prowadzi turystyczna trasa spływów tratwami uznawana za atrakcję w skali europejskiej. Urodę gór podkreślają kontrasty rzeźby – wąwozy rozcinające stoki łagodnych grzbietów, odosobnione skałki w postaci iglic. Jasne skały pięknie kontrastują z szatą roślinną zmieniającą kolorystykę zależnie od pory roku. Najbardziej znanym szczytem są Trzy Korony (982 m n.p.m.).

Niepylak apollo *(Parnassius apollo)*

Różnorodność lokalnych krajobrazów wiąże się nie tylko z formami rzeźby czy typem podłoża skalnego, ale również z warunkami mikroklimatu wpływającymi z kolei na bogactwo gatunków roślin i zwierząt. Często obok siebie rosną, wybitnie ciepłolubne gatunki południowoeuro-

Narodowy (1932/1954 r.)

pejskie (np. oman wąskolistny, perłówka siedmiogrodzka) i wysokogórskie typowe dla zimnego i wilgotnego klimatu (sesleria skalna, aster alpejski i dębik ośmiopłatkowy). Ponad 70% powierzchni parku zajmują lasy, głównie buczyna karpacka, ciepłolubne zbiorowiska jedliny i buczyny oraz lasy jaworowe. O wyjątkowości Pienin stanowią jednak zbiorowiska nieleśne, zwłaszcza ***łąki***, jedne z ***najbogatszych ekosystemów*** roślinnych w kraju, zawdzięczające swoje powstanie człowiekowi. Rosną na nich m.in. liczne gatunki storczyków. Na murawach naskalnych pojawiają się rzadkie rośliny skalne, jednak największą osobliwością jest biało kwitnąca chryzantema Zawadzkiego, powszechnie występująca na wschód od Uralu. Na obszarze parku rosną dwa endemity pszonak pieniński i mniszek pieniński. Przypuszczalnie żyje tu ok. 13 tys. gatunków zwierząt, czyli połowa wszystkich występujących w Polsce! Wiele z nich to endemity, m.in.: liczne gatunki ślimaków i chrząszczy. W szczelinach skalnych zakłada swoje gniazda bardzo rzadki ptak – pomurnik. Na niedostępnych półkach skalnych gnieżdżą się również pustułki, kruki i sporadycznie nagórniki. Pienińskie łąki słyną natomiast z motyli, z najbardziej znanym niepylakiem apollo.

Przełom Dunajca z najczęściej fotografowaną sosną w Polsce

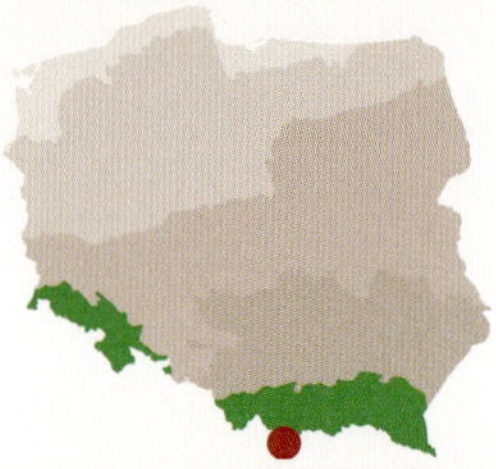

Tatrzański Park

Powierzchnia całkowita/ w tym ochrona ścisła	21 164 ha/ 11 514 ha
Unikalne walory i charakter środowiska	Najwyższe w Polsce pasmo górskie typu alpejskiego z ostrymi graniami szczytów, licznymi skałkami, dolinami zawieszonymi, kotłami polodowcowymi jezior górskich, potokami, siklawami, dolinami z licznymi jaskiniami. Wyraźnie wykształcone wszystkie piętra roślinno-klimatczne
Ważniejsze oraz rzadko spotykane gatunki roślin i zwierząt	Szarotka alpejska, limba, goździk lodowcowy, goryczka krótkołodygowa, storczyki, kosodrzewina; kozica, świstak, orzeł przedni
Ochrona międzynarodowa	Rezerwat Biosfery UNESCO, Natura 2000
Kontakt	www.tpn.pl
Symbol	Kozica

Tatrzański Park Narodowy zaliczany do największych w Polsce chroni jedyny w kraju fragment gór o ***krajobrazie alpejskim***, czyli ***wysokogórskim***. Jego najbardziej charakterystyczne elementy to: skaliste ostre ***granie szczytów***, ***doliny zawieszone***, polodowcowe misy (kotły) ***jezior górskich*** (np. Morskiego Oka, Czarnego Stawu, stawów w Dolinie Pięciu Stawów), potoki, siklawy czyli wodospady, liczne ***jaskinie*** (ponad 650!) i skałki. Urodę Tatr trudno przecenić. Piękne rozległe panoramy dające poczucie wolności i rozmachu zachwycają o każdej porze roku. W porównaniu z nimi niziny wydają się monotonne i płaskie. W krajobrazie Tatr najbardziej dominuje urozmaicona rzeźba, ale szata roślinna również zachwyca. Aż 89 spośród około 1000 gatunków roślin występuje wyłącznie w Tatrach. W terenie dość łatwo można zaobserwować ***piętra roślinne*** powstałe

Kozica tatrzańska *(Rupicapra rupicapra tatrica)*

Narodowy (1954 r.)

z powodu zmieniających się warunków klimatycznych wraz ze wzrostem wysokości. Po piętrze ***pogórza*** bardzo przekształconym przez wielowiekową działalność człowieka, do wysokości około 1250 m n.p.m. występują lasy i bory mieszane ***regla dolnego***, w których powinny dominować jodły i buki. Duża domieszka a czasem nawet dominacja świerka to wynik ingerencji człowieka. W runie zachwycają kwitnące wiosną żywiec gruczołowaty, wawrzynek wilczełyko oraz rzeżucha trójlistkowa. Na obrzeżach lasów bukowych występuje lilia złotogłów i kruszczyk rdzawoczerwony. W ***reglu górnym*** sięgającym do około 1550 m n.p.m. świerk tworzy niemal jednogatunkowe drzewostany. Powyżej górnej granicy lasu do 1800 m n.p.m. króluje ***kosodrzewina***, a do ok. 2200 m n.p.m. rozciąga się ***piętro hal***. Średnia temperatura roczna wynosi tam zaledwie -2°C, a śnieg zalega przeciętnie przez 215 dni w roku. Charakterystyczną roślinność alpejską tworzy aż 360 gatunków w zbiorowiskach muraw wysokogórskich czy traworośli. Jeszcze wyżej, w ***piętrze turni*** obejmującym najwyższe szczyty, średnia temperatura roczna wynosi już tylko -4°C, a śnieg zalega przez 290 dni. W tych surowych warunkach rośnie aż 120 gatunków roślin. Roślinnym symbolem Tatr jest ***szarotka alpejska*** pochodząca z Azji i jak większość tatrzańskich endemitów rosnąca powyżej granicy lasu, najczęściej w piętrze alpejskim (hal). Świat zwierząt nie jest tak bogaty jak roślin, liczy zaledwie ok. 170 gatunków. Najbardziej znanymi przedstawicielami są świstak i kozica. W Tatrach pojawiają się także niedźwiedzie pokonujące trasy dostępne tylko dla taterników. Turyści powinni się trzymać od nich jak najdalej!

Widok na Dolinę Pięciu Stawów Polskich

Bieszczadzki

Powierzchnia całkowita/ w tym ochrona ścisła	29 202 ha/ 18 425 ha
Unikalne walory i charakter środowiska	Piętro połonin, puszcza karpacka; pamiątki po wysiedlonych wsiach
Ważniejsze oraz rzadko spotykane gatunki roślin i zwierząt	Tojad wschodniokarpacki i tauryjski, goździk kartuzek, goździk skalny, lepnica karpacka, pszeniec biały, leniec alpejski, lucerna sierpowata; wąż Eskulapa, orzeł przedni, orlik krzykliwy, puchacz
Ochrona międzynarodowa	Rezerwat Biosfery UNESCO „Karpaty Wschodnie”
Kontakt	www.bdpn.pl
Symbol	Ryś

Bieszczadzki Park Narodowy ma największą powierzchnię spośród parków górskich. Położony powyżej piętra pogórza obejmuje najatrakcyjniejsze obszary Bieszczadów z ***połoninami***, czyli naturalnymi łąkami występującymi ponad granicą lasu. Ich zasięg został znacznie poszerzony przez człowieka gdyż w przeszłości służyły jako pastwiska dla owiec i bydła. Stawiano na nich szałasy i zagrody dla zwierząt. Czyszczono je z zarośli, krzewów i drzew, a nawet powiększano wypalając las by założyć łąki, które wymagały koszenia. Tak gospodarowano w Bieszczadach przez stulecia do mniej więcej lat 40. XX w. Od tego momentu na połoninach trwa proces odtwarzania się zbiorowisk roślinnych zbliżonych do naturalnych, które porastają trawy, murawy, zioła, krzewinki, z dużym udziałem bażyny i borówki. Połoniny zachwycają kolorystyką zmieniającą się w rytmie pór roku i pięknie korespondują z wychodniami i grupami skał na szczytach. Największe powierzchnie w parku zajmują ***lasy regla dolnego***. Szczególnie cenne są drzewostany

Wilk *(Canis lupus)*

Park Narodowy (1973 r.)

z dużym udziałem buka, jodły, jawora, olszy i domieszką świerka tworzące tzw. puszczę karpacką. Regiel górny, z lasem świerkowym, w ogóle w Bieszczadach nie występuje, gdyż z powodu specyficznych warunków klimatycznych granica lasu znajduje się na niewielkiej wysokości ok. 1150 m n.p.m. W parku występuje ok. 30 gatunków roślin endemicznych np. fiołek dacki, goździk skupiony, arnika górska; ok. 80 gatunków roślin wysokogórskich np. leniec alpejski, pierwiosnka długokwiatowa, rojnik i widłak alpejski oraz gatunki ciepłolubne takie jak np. pierwiosnka lekarska czy lucerna sierpowata. Kolejnym ***ciekawym elementem krajobrazu*** BPN są ***pozostałości po zniszczonych i wysiedlonych*** w latach 40. XX w. ***wsiach***. Wtedy, w ramach tzw. Akcji Wisła, usuwano z nich Ukraińców, Łemków, Bojków rzekomo stanowiących zaplecze dla Ukraińskiej Powstańczej Armii (UPA). Po tętniących życiem osadach pozostały ślady łąk i pastwisk, kępy zadrzewień, resztki sadów, stare, okazałe drzewa. Nadal na ich podstawie można odtworzyć w terenie lokalizacje ***opuszczonych wsi***. Bieszczadzki Park Narodowy chroni ostoje rzadkich zwierząt drapieżnych i dużych ssaków roślinożernych m.in. wilków, rysi, żbików, niedźwiedzi oraz jeleni i żubrów. Dość często można tu spotkać żmiję zygzakowatą, a niesłychanie rzadko węża Eskulapa. Ważną grupę stanowią duże ptaki drapieżne i sowy, ponadto orzeł przedni, orlik krzykliwy, puchacz, sóweczka i włochatka. Na uwagę zasługuje także Zachowawcza Hodowla Konia Huculskiego w Wołosatem.

Piękne o każdej porze roku połoniny umożliwiają turystom podziwianie rozległych bieszczadzkich panoram

Ochrona przyrody w Polsce

cd. ze strony 145

W ramach krajów Unii Europejskiej powstaje sieć obszarów ***Natura 2000*** powołana w celu zachowania różnych rodzajów siedlisk przyrodniczych ważnych dla Europy. W Polsce wyznaczono ich 990.

W 1971 r. w ***Ramsar***, w Iranie, podpisano ***Konwencję o obszarach wodno-błotnych*** ważnych jako środowisko życiowe ptactwa wodnego. Tak zwaną konwencją ramsarską w naszym kraju objęto dotychczas 16 obszarów o powierzchni przekraczającej 152 tys. ha. Większość znajduje się na nizinach, szczególnie w pasie pojezierzy. Wyjątkiem są położone wysoko torfowiska w Karkonoszach i w dolinie Izery.

Równie ważna jak obszarowa jest ***ochrona gatunkowa***, mająca na celu zachowanie różnorodności roślin, zwierząt i grzybów. Lista gatunków chronionych nie jest stała. Uwzględnia gatunki rzadkie i zagrożone wyginięciem, co stwierdza się na podstawie wieloletnich badań. Ochrona gatunków zwierząt może być całkowita lub częściowa (np. w okresie rozmnażania). Badania gatunków zagrożonych prowadzone są w ramach ***Międzynarodowej Unii Ochrony Przyrody*** publikującej międzynarodową ***Czerwoną Księgę*** zawierającą listę gatunków roślin i zwierząt zagrożonych wyginięciem. Każdy kraj opracowuje swoją księgę. W naszej rozmieszczenie gatunków przedstawia się na mapach Polski jak i Europy i rejestruje się historię życia gatunków wymarłych oraz rzadkich i zagrożonych wyginięciem. Opisy zawierają też szczegółowe rysunki i zdjęcia tych gatunków. Uwzględniają miejsce każdego gatunku w systematyce organizmów, siedlisko oraz jego zmiany. Poza tym opisują sposób rozmnażania, wielkość populacji, przyczyny wymierania, a także stosowane i proponowane metody ochrony. Są efektem wieloletnich, systematycznych badań naukowców i muszą być kontynuowane przez następne lata i pokolenia. Po raz pierwszy ***Polska czerwona księga zwierząt*** ukazała się w 1992 roku. Rok później ukazała się ***Polska czerwona księga roślin*** uwzględniająca 206 zagrożonych gatunków. W wydaniu z roku 2014 było ich już 380.

Wybrane gatunki zwierząt i roślin skrajnie zagrożonych

Fiołek bagienny

Miłek szkarłatny

Dzierzba rudogłowa

Gadożer (krótkoszpon)

Kraska zwyczajna

Wąż Eskulapa

Autorzy i źródła fotografii:

Gdaniec/Wikimedia Commons[6] (str. 6 – prawe górne); Aluzja/konkurs A (str. 6 – lewe górne); Mariusz Daciuk/konkurs A (str. 6 – prawe dolne); Mateusz War/Wikimedia Commons[4] (str. 6 – lewe dolne); Przykuta/Wikimedia Commons[5] (str. 7 – lewe górne); Waldemar Wieczorek (str. 7 – prawe dolne); paris/konkurs C (str. 7 – lewe górne); Żeglarz/Wikimedia Commons[3] (str. 8 – prawe górne); Cezary Dubiel/konkurs A (str. 9 – lewe górne); Marlena Ostrowska/Polskaniezwykla.pl (str. 9 – lewe dolne); Piotrus/Wikimedia Commons[4] (str. 9 – prawe dolne); Rafal Konkolewski/konkurs A (str. 10 – dolne); T.D./Wikimedia Commons[3] (str. 10 – prawe górne); Waldemar Wieczorek (str. 11 – lewe górne); Senior/Picasa Web Album[3] (str. 11 – lewe dolne); Topory/Wikimedia Commons[4] (str. 11 – prawe dolne); Ludwika Kilich/konkurs A (str. 12 – górne); Pit1233/Wikimedia Commons[6] (str. 12 – prawe dolne); Łukasz Łukasik/Wikimedia Commons[4] (str. 13 – prawe górne); vlod007/Picasa Web Album[1] (str. 13 – lewe dolne); Cezary Dębowski/konkurs A (str. 13 – prawe dolne); Staszek99/Wikimedia Commons[5] (str. 14 – lewe górne); Krzysztof/Wikimedia Commons[5] (str. 14 – lewe dolne); Konrad Ślęzak/Wikimedia Commons[3] (str. 14 – prawe górne); Michał Słupczewski/konkurs A (str. 15 – lewe górne); Tomasz Kolowski/Wikimedia Commons[5] (str. 15 – lewe dolne); Wiesław Wieczorek/Wikimedia Commons[4] (str. 15 – prawe dolne); Arkadiusz Zalewski/konkurs A (str. 16 – prawe); hr;icio/Flickr[2] (str. 16 – prawe górne); fotografialotnicza.net, Michał Słupczewski – Fotografia Lotnicza[6] (str. 16 – prawe dolne); Polimerek/Wikimedia Commons[5] (str. 17 – lewe); Andymos/Wikimedia Commons[4] (str. 17 – prawe); Matio/Wikimedia Commons[5] (str. 18 – lewe); Topory/Wikimedia Commons[5] (str. 18 – prawe); archiwum MOK w Wolinie (str. 19 – górne); Joanna Karnat/Wikimedia Commons[5] (str. 19 – prawe dolne); Margoz/Wikimedia Commons[5] (str. 20 – górne prawe); Agnieszka M/Wikimedia Commons[4] (str. 21 – górne); Pko/Wikimedia Commons[4] (str. 21 – prawe dolne); Jola i Franciszek Kluczyńscy/ konkurs A (str. 22 – górne); Starscream/Wikimedia Commons[4] (str. 23 – lewe górne); Rafał Peplinski/Wikimedia Commons[4] (str. 23 – lewe dolne); Marcin Białek/Wikimedia Commons[5] (str. 23 – prawe górne); Wikimedia Commons[6] (str. 23 – prawe dolne); Wolskaola/Wikimedia Commons[4] (str. 24 – lewe górne); Michael Cavén/www.flickr.com[1] (str. 24 – prawe dolne); Michael Cavén/www.flickr.com[1] (str. 25 – górne); Wikimedia Commons[6] (str. 25 – dolne); Albertus teolog/Wikimedia Commons[6] (str. 30 – lewe górne); modil1959/konkurs A (str. 30 – lewe dolne); Czesio99/Wikimedia Commons[6] (str. 30 – prawe górne); Skarabeusz/Wikimedia Commons[5] (str. 30 – prawe dolne); Andrzej Łuczak, woochuck@onet.eu/Wikimedia Commons[5] (str. 31 – górne); Pit1233/Wikimedia Commons[6] (str. 31 – lewe dolne); Tomasz Fedor/Wikimedia Commons[3] (str. 32 – lewe górne); Andrzej Jurkowski/Wikimedia Commons[4] (str. 32 – lewe dolne); Jakub Góral/Wikimedia Commons[3] (str. 32 – prawe dolne); Monika Meżyńska/Wikimedia Commons[3] (str. 33 – lewe); zabciaa87/konkurs A (str. 33 – lewe górne); M0s810/Wikimedia Commons[5] (str. 34 – lewe); Chrumps/Wikimedia Commons[5] (str. 23 – prawe górne); Natalia Kuśmierek/Wikimedia Commons[4] (str. 34 – prawe dolne); Skarabeusz/Wikimedia Commons[5] (str. 35 – lewe górne); Magda Felis/Wikimedia Commons[4] (str. 35 – prawe górne); Przykuta/Wikimedia Commons[4] (str. 35 – dolne); Peter Mulligan/Wikimedia Commons[1] (str. 36 – lewe); Jerzy Strzelecki/Wikimedia Commons[4] (str. 36 – prawe górne); Betix/konkurs A (str. 36 – prawe dolne); Paweł Turton/Wikimedia Commons[5] (str. 37 – lewe); Flyrecord/Wikimedia Commons[4] (str. 37 – prawe dolne); betix/konkurs C (str. 38 – lewe górne); git/konkurs C (str. 38 – dolne); Albertus teolog/Wikimedia Commons[6] (str. 39 – prawe dolne); Chrumps/Wikimedia Commons[4] (str. 39 – prawe górne); MałaMi/konkurs A (str. 39 – lewe górne); Awersowy/Wikimedia Commons[5] (str. 40 – lewe górne); Midhir/Wikimedia Commons[6] (str. 40 – lewe dolne); Baupi/Wikimedia Commons[4] (str. 40 – prawe); Tomasz Stoeck/konkurs A (str. 41 – górne); Julo/Wikimedia Commons[6] (str. 41 – dolne); Radomil/Wikimedia Commons[5] (str. 43 – lewe górne); Klapi/Wikimedia Commons[5] (str. 43 – lewe dolne); Maciej Olejnik/konkurs A (str. 43 – prawe); Merc777/Wikimedia Commons[4] (str. 44 – prawe); Ludwig Schneider/Wikimedia Commons[4] (str. 45 – lewe górne); Dawid Galus/ Wikimedia Commons[4] (str. 45 – lewe dolne); Beata Jankowiak-Konik/Jacek Konik (str. 45 – prawe dolne, str. 46 – lewe); Lestat (Jan Mehlich)/Wikimedia Commons[4] (str. 46 – prawe, str. 47 – dolne); Wioletta Krzemińska/konkurs A (str. 47 – górne); Adam Dziura/Wikimedia Commons[5] (str. 52); Derbeth/Wikimedia Commons[5] (str. 53 – lewe górne); Lestat (Jan Mehlich)/ Wikimedia Commons[5] (str. 53 – lewe dolne); Plushy/Wikimedia Commons[5] (str. 53 – prawe); Rafał Tur/UM Bolesławiec (str. 54 – prawe górne); Muzeum Filumenistyczne (str. 54 – lewe dolne); Edmund Kuna (str. 54 – prawe dolne); Aw58/Wikimedia Commons[4] (str. 55 – lewe); Honorata Gorgon/konkurs A (str. 56 – lewe górne); Cezary Dubiel/konkurs A (str. 56 – lewe dolne); Sylvekkk/ Wikimedia Commons[4] (str. 57 – lewe); betix/konkurs C (str. 57 – prawe górne); Thomas Koffel/Wikimedia Commons[4] (str. 57 – prawe dolne); Jolanta Dąbrowska/konkurs A (str. 58 – lewe); Sylwia Wolna/konkurs A (str. 58 – prawe górne); Lestat (Jan Mehlich)/Wikimedia Commons[4] (str. 58 – prawe dolne); Piotr Klementowski/Wikimedia Commons[4] (str. 59 – prawe górne); adam1222fi/ konkurs A (str. 59 – prawe dolne); Daniel Baránek/Wikimedia Commons[4] (str. 60 – lewe dolne); Konrad Kurzacz Pimke/Wikimedia Commons[4] (str. 60 – prawe górne); Artur Niedbała/konkurs A (str. 61 – prawe); Kamil/Wikimedia Commons[4] (str. 62 – lewe); Piotr Matyga/Wikimedia Commons[4] (str. 62 – prawe górne); Ziijon/Wikimedia Commons[4] (str. 63 – lewe górne); Pudelek/Wikimedia Commons[4] (str. 63 – lewe dolne); Jacek Halicki/Wikimedia Commons[4] (str. 64 – górne); Wikimedia Commons[4] (str. 64 – prawe dolne); Krystian.tok/Wikimedia Commons[4] (str. 65 – lewe); Laura631/ Wikimedia Commons[4] (str. 65 – prawe górne); Magdalena Polok/konkurs A (str. 65 – prawe dolne); Zbigniew Gałucki/konkurs A (str. 66 – prawe górne); Jacek Halicki/Wikimedia Commons[4] (str. 66 – dolne); MyViewPL/Wikimedia Commons[4] (str. 67 – lewe); Jar.ciurus/Wikimedia Commons[4] (str. 67 – prawe); rafiks51/konkurs A (str. 68 – lewe); Jacek Halicki/Wikimedia Commons[4] (str. 68 – prawe); Lestat (Jan Mehlich)/Wikimedia Commons[4] (str. 69 – prawe); Kolossos/Wikimedia Commons[5] (str. 70 – lewe górne); Julo/Wikimedia Commons[6] (str. 71 – lewe górne); Stako/ Wikimedia Commons[5] (str. 71 – lewe dolne, prawe górne); Marlena Ostrowska (str. 71 – prawe); fotograf/konkurs B (str. 72 – lewe); Adalbertus/Wikimedia Commons[6] (str. 72 – prawe górne); Adam Dziura/Wikimedia Commons[5] (str. 72 – prawe dolne); Marlena Ostrowska (str. 73 – lewe, prawe dolne); Aneta S/Wikimedia Commons[3] (str. 73 – prawe górne); BS Thurner Hof/Wikimedia Commons[5] (str. 78 – prawe); Duży Bartek/Wikimedia Commons[6] (str. 78 – lewe); Albertyanks Albert Jankowski/Wikimedia Commons[6] (str. 78 – środkowe); Yaros/Wikimedia Commons[5] (str. 79 – dolne); Adikpl/Wikimedia Commons[4] (str. 79 – prawe górne); Wikimedia Commons[6] (str. 80 – lewe górne); intopoland/konkurs C (str. 80 – lewe dolne); Machnas/konkurs A (str. 81 – lewe górne); Adam Kumiszcza/Wikimedia Commons[5] (str. 81 – lewe dolne); iwmali/konkurs C (str. 81 – prawe); VaGla Waglowski/Wikimedia Commons[6] (str. 82 – lewe dolne); Polimerek/Wikimedia Commons[4] (str. 82 – prawe); Jerzy Strzelecki/Wikimedia Commons[5] (str. 83 – lewe górne); Andrzej Gondek/Wikimedia Commons[5] (str. 83 – lewe dolne); Piotr Tysarczyk/Wikimedia Commons[3] (str. 83 – prawe); Marek i Ewa Wojciechowscy/Wikimedia Commons[5] (str. 84 – lewe); Rachel Davies/Wikimedia Commons[2] (str. 84 – prawe); Wojsyl/Wikimedia Commons[5] (str. 84 – dolne); Jerzy Strzelecki/Wikimedia Commons[5] (str. 85 – lewe górne); prosiaczek/konkurs C (str. 85 – lewe dolne); Henryk Borawski/Wikimedia Commons[5] (str. 85 – prawe górne); Gilles PRETET/ Wikimedia Commons[2] (str. 85 – prawe dolne); GerardM/Wikimedia Commons[5] (str. 86 – lewe górne); SkyMaja/Wikimedia Commons[4] (str. 86 – lewe dolne); mzopw/Wikimedia Commons[4] (str. 86 – prawe); Semu/Wikimedia Commons[5] (str. 87 – środkowe); stevehdc/Wikimedia Commons[2] (str. 87 – prawe górne); Rumun999/Wikimedia Commons[2] (str. 87 – prawe dolne); ZeroJeden/ Wikimedia Commons[4] (str. 88 – lewe); Nona1237/Wikimedia Commons[4] (str. 88 – prawe); Piteros77/Wikimedia Commons[4] (str. 89 – lewe górne); Yarl/Wikimedia Commons[4] (str. 89 – prawe górne); Polimerek/Wikimedia Commons[4] (str. 89 – dolne); Semu/Wikimedia Commons[5] (str. 91 – górne); ZeroJeden/Wikimedia Commons[4] (str. 91 – lewe dolne); Margoz/Wikimedia Commons[5] (str. 91 – prawe dolne); Lidia Dworak (str. 96 – lewe); Jacek Karczmarz/Wikimedia Commons[5] (str. 96 – środkowe, 97 lewe górne); Semu/Wikimedia Commons[5] (str. 96 – prawe); Håkan Henriksson/Wikimedia Commons[5] (str. 97 – lewe dolne); Brosen/Wikimedia Commons[5] (str. 97 – prawe dolne); Waldemar Wieczorek (str. 98 – lewe górne); Szater/Wikimedia Commons[6] (str. 98 – lewe dolne); Semu/Wikimedia Commons[5] (str. 98 – prawe); Ed88/Wikimedia Commons[5] (str. 99 – lewe górne); Jackowy/Wikimedia Commons[5] (str. 99 – lewe dolne); iwmali/konkurs C (str. 100 – dolne); Waldemar Wieczorek (str. 100 – prawe górne); Nevit Dilmen/Wikimedia Commons[5] (str. 101 – lewe); Karol 1/Picasa[4] (str. 101 – prawe górne); Jacek Karczmarz/Wikimedia Commons[5] (str. 102 – górne); Nikolaus von Nathusius/Wikimedia Commons[4] (str. 102 – prawe dolne); HuBar/Wikimedia Commons[2] (str. 103 – lewe górne); Giorgio Monteforti/Wikimedia Commons[2] (str. 103 – lewe dolne); Semu/Wikimedia Commons[5] (str. 103 – prawe); Beata Jankowiak-Konik/Jacek Konik (str. 104 – prawe górne); vongrzanka/Wikimedia Commons[4] (str. 104 – dolne); Tony Hisgett/Wikimedia Commons[2] (str. 104 – prawe górne); Lukke/Wikimedia Commons[4] (str. 105 – lewe dolne); Koefbac/Wikimedia Commons[6] (str. 105 – prawe górne); Krzysztof Jankowski (Kikprimo)/Wikimedia Commons[5] (str. 105 – prawe dolne); Jakub Młynarczyk/Wikimedia Commons[4] (str. 106 – lewe dolne); Jimlaneyjr/Wikimedia Commons[6] (str. 107 – lewe górne); Azymut (Rafał M. Socha)/Wikimedia Commons[4] (str. 107 – lewe dolne); Inqv/Wikimedia Commons[6] (str. 107 – prawe); Jarek Talacha (str. 109 – górne); Solidphotouploader/Wikimedia Commons[4] (str. 109 – prawe dolne); Wizzard/ Wikimedia Commons[6] (str. 110 – prawe); Dixi/Wikimedia Commons[5] (str. 110 – lewe); Carlos Delgado/Wikimedia Commons[4] (str. 111 – górne); Alina Zienowicz Ala z/Wikimedia Commons[6] (str. 111 – lewe dolne); Cezary p/Wikimedia Commons[5] (str. 111 – prawe dolne); Alex/konkurs A (str. 116 – lewe); Drgela/Wikimedia Commons 5 (str. 116 – prawe); Jakub Hałun/Wikimedia Commons[5] (str. 117 – prawe górne); Tomasz Chorwat/Wikimedia Commons[5] (str. 117 – prawe dolne); Zaród/konkurs C (str. 118 – lewe górne); BerndH/Wikimedia Commons[4] (str. 118 – lewe dolne); Chris Muiden/ Wikimedia Commons[5] (str. 118 – prawe); Ricardo77/Wikimedia Commons[4] (str. 119 – lewe górne); Stimoroll/Wikimedia Commons[5] (str. 119 – prawe dolne); Adam Kumiszcza/Wikimedia Commons[4] (str. 120 – lewe górne); Marek i Ewa Wojciechowscy/Wikimedia Commons[5] (str. 120 – lewe dolne); Wp/Wikimedia Commons[4] (str. 120 – prawe); Krzysztof Suszkiewicz/Wikimedia Commons[3] (str. 121 – lewe górne); Jakub Hałun/Wikimedia Commons[4] (str. 121 – prawe górne); Jan Jerszyński/Wikimedia Commons[3] (str. 121 – prawe dolne); Kinio2000/Wikimedia Commons[4] (str. 122 – lewe); Przemysław Jahr/Wikimedia Commons[6] (str. 122 – prawe górne); Scotch Mist/Wikimedia Commons[4] (str. 123 – środkowe); J. Sawicki/konkurs C (str. 123 – prawe górne); Mathiasrex/Wikimedia Commons[3] (str. 124 – lewe górne); Adam Falkowski/konkurs A (str. 124 – dolne); Jerzy Strzelecki/Wikimedia Commons[5] (str. 125 – lewe górne); jaras575/konkurs A (str. 125 – prawe górne); Ukasiu/ Wikimedia Commons[4] (str. 125 – prawe dolne); Dariusz Cierpiał/Wikimedia Commons[4] (str. 126 – lewe górne); Rafał Kozubek/Wikimedia Commons[5] (str. 126 – lewe dolne); Kasiadzida1/Wikimedia Commons[4] (str. 126 – prawe); Jerzy Opioła/Wikimedia Commons[5] (str. 127); Petr Vodička/Wikimedia Commons[4] (str. 128 – lewe); Jan Jerzyński/Wikimedia Commons[3] (str. 128 – prawe górne); Napoleon/Wikimedia Commons[5] (str. 129 – lewe); Hans Pama/Flickr[2] (str. 129 – prawe górne); Jakub Hałun/Wikimedia Commons[4] (str. 129 – prawe dolne); MaKa~commonswiki/Wikimedia Commons[5] (str. 130 – lewe); MaKa/Wikimedia Commons[5] (str. 130 – prawe dolne); Łukasz Klus/konkurs A (str. 131); Haeferl/Wikimedia Commons[4] (str. 132 – lewe górne); Opioła Jerzy/Wikimedia Commons[3] (str. 132 – lewe dolne); Diabetes/Wikimedia Commons[5] (str. 132 – prawe); Cezary Piwowarski/Wikimedia Commons[5] (str. 133 – lewe dolne); LoMit/Wikimedia Commons[4] (str. 133 – prawe górne); Pawel Swiegoda (Paberu)/Wikimedia Commons[3] (str. 134 – lewe górne); Scots/Wikimedia Commons[4] (str. 134 – dolne); Robert Breuer/Wikimedia Commons[5] (str. 135 – prawe); Lestat (Jan Mehlich)/Wikimedia Commons[4 5] (str. 136); Ludek/Wikimedia Commons[5] (str. 137 – lewe); Diether/Wikimedia Commons[5] (str. 137 – prawe); Mach240390/Wikimedia Commons[5] (str. 138 – lewe górne); Cancre/Wikimedia Commons[5] (str. 138 – lewe dolne); Gryffindor/Wikimedia Commons[5] (str. 138 – prawe górne); Rj1979/Wikimedia Commons[6] (str. 139 – lewe); Gfmorin/Wikimedia Commons[6] (str. 139 – prawe); Jakub Hałun/Wikimedia Commons[4] (str. 140 – lewe); Anna Osemlak/konkurs A (str. 140 – prawe dolne); WM4034/Wikimedia Commons[4] (str. 141 – górne); Manfred Rackelhuhn/ Wikimedia Commons[4] (str. 141 – lewe); Jakub Hałun/Wikimedia Commons[4] (str. 141 – prawe); Mceurytos/Wikimedia Commons[5] (str. 142 – górne); tomasz przechlewski/Wikimedia Commons[2] (str. 143 – lewe); MaKa~commonswiki/Wikimedia Commons[5] (str. 143 – prawe górne); kuba13/fotopolska.eu[4] (str. 143 – dolne).

Spis autorów zdjęć do przewodnika po parkach narodowych:

Awersowy/Wikimedia Commons[5] (str. 159 – dolne), Denis Barthel 2005/Wikimedia Commons[4, 5] (str. 169 – górne), chausinho/Wikimedia Commons[2] (str. 192 – środkowe lewe), Crusier/Wikimedia Commons[5] (str. 187), Density/Wikimedia Commons[3] (str. 192 – górne prawe), Dodoni/Wikimedia Commons[5] (str. 174), Ed89/Wikimedia Commons[5] (str. 184), Rolf Engstrand/Wikimedia Commons[5] (str. 192 – górne lewe), Flickr/Wikimedia Commons[2] (str. 146, str. 154, str. 162), Goku122/Wikimedia Commons[5] (str. 171), BS Håkan Henriksson /Wikimedia Commons[5] (str. 164), Turner Hof /Wikimedia Commons[5] (str. 160), Kamil/Wikimedia Commons[5] (str. 183 – górne), Jacek Karczmarz/Wikimedia Commons[5] (str. 165), Rafał Klisowski/Wikimedia Commons[6] (str. 172), Kpjas/Wikimedia Commons[4] (str. 178), Kamila Kuna (str. 161, str. 163), Arno Laurent/Wikimedia Commons[5] (str. 180), Lukasz Lukasik/Wikimedia Commons[5] (str. 153 – górne), MaKA/Wikimedia Commons[3] (str. 173), Andrzej Makarczyk/Wikimedia Commons[1] (str. 188), marioM/Wikimedia Commons[5] (str. 192 – środkowe prawe), Miaow Miaow/Wikimedia Commons[6] (str. 182), Chris Muiden/Wikimedia Commons[5] (str. 190), Von Nudelbraut/Wikimedia Commons[4] (str. 153 – dolne), Jerzy Opioła/Wikimedia Commons[5] (str. 175, str. 181, str. 183 – dolne, str. 189), Adrian Pingstone – Arpingstone/Wikimedia Commons[6] (str. 156), Polimerek/Wikimedia Commons[4] (str. 151), Felix Reimann/Wikimedia Commons[4] (str. 192 – dolne prawe), Rosenzweig/ Wikimedia Commons[5] (str. 158), Norbert Schuller Baupi/Wikimedia Commons[5] (str. 159 – górne), Selso/Wikimedia Commons[1] (str. 176), Christian Svane/Wikimedia Commons[3] (str. 192 – dolne lewe), Marek Szczepanek/Wikimedia Commons[5] (str. 150), Andreas Trepte/Wikimedia Commons[1] (str. 179 – górne, str. 148), Dariusz Tyrpin/Wikimedia Commons[6] (str. 185), Waldemar Wieczorek (str. 147, str. 155, str. 167), Wenkbrauwalbatros/Wikimedia Commons[4] (str. 186), WikipedystaP/Wikimedia Commons[6] (str. 191), Wojsyl/Wikimedia Commons[1] (str. 166), Wykształcioch/ Wikimedia Commons[5] (str. 177), H. Zell/Wikimedia Commons[5] (str. 170), Archiwum Demart (str.: 149, 152, 157, 166, 179 – dolne)

[1] Creative Commons / Uznanie autorstwa – Na tych samych warunkach 1.0; http://creativecommons.org/licenses/by-sa/1.0/deed.pl
[2] Creative Commons / Uznanie autorstwa – Na tych samych warunkach 2.0; http://creativecommons.org/licenses/by-sa/2.0/deed.pl
[3] Creative Commons / Uznanie autorstwa – Na tych samych warunkach 2.5; http://creativecommons.org/licenses/by-sa/2.5/deed.pl
[4] Creative Commons / Uznanie autorstwa – Na tych samych warunkach 3.0; http://creativecommons.org/licenses/by-sa/3.0/deed.pl
[5] GNU Free Documentation License; Wersja 1.2; www.gnu.org/licenses/fdl-1.2.html
[6] Public Domain

Konkurs A – konkurs „Polska jest niezwykła"
Konkurs B – konkurs „Miasta miasteczka"
Konkurs C – polskaniezwykla.pl